メンタル激よわだった元陸上自衛官が教える

病まない自分のつくりかた

加藤大貴

自由国民社

はじめに　唯一無二のあなたへ

あなたは今、こんなことで悩んでいませんか？

なんとなく毎日生きづらい、人間関係がうまくいかない、ちょっとしたことで不安になって病んでしまう。どうして生きることはこんなに大変なんだろうと。

「弱い自分が強くなればこんな思いはしなくても良いのに」と思っていませんか？

あなたの気持ちはよく分かります。「**私がそうだった**」んです。

あなたも、私と同じように、頑張れない自分が、不器用な自分が、みんなと同じようにできない自分がどうしようもなく許せない日があったでしょう。

そんなあなたへ、今日も生きていてくれてありがとうと私は言いたいのです。あなたが今、この世界に存在してくれていることが本当に特別なことだと私は思います。

申し遅れましたが、私は心理カウンセラーの加藤大貴と申します。

あなたが強くなりたいと思っているように、私もずっと弱い自分を変えて強くなりたいと思っていました。

私は、中学生の時に地元福島県で「東日本大震災」を経験しました。この震災でたくさんの尊い命がなくなりました。インフラは当然止まり、自分を取り巻く環境は一気に地獄に変わりました。私はこの時に怖くて怖くて何も行動できませんでした。

そしてもう二度とこんな思いはしたくない、させたくないと、自分自身を変えることを決意し、全国で唯一である自衛隊の高校「陸上自衛隊高等工科学校」に入学しました。

卒業後は87式自走高射機関砲という戦車乗りを経て、衛生科隊員の放射線技師として、自衛隊中央病院で任務を行いました。

あなたが自衛官に抱くイメージとして「どんな理不尽にも耐えられそう」や「精神的にも肉体的にも強い人ばかり」と思われているのではないでしょうか？　それはおおむね正しいと思います。

自衛官には「国を守る」という任務の性質上厳しい訓練が行われています。それぞれの「職種」に分かれてプロフェッショナルとして任務を遂行する人々です。

私も自衛官という立場やさまざまな訓練、任務を通じて多彩な経験をしてきました。そしてその中でたくさんの「気付き」に出逢うことができました。

私はコロナがまさにピークという時に自衛隊中央病院で任務にあたっていました。病院は医療崩壊の一歩寸前。その中で自殺未遂をされた方や病気に苦しまれる方、そして亡くなられた患者様と接するたびに私は無力感にさいなまれました。

もっと良くできたのかな、ほかにもやり方があったのかなあと。その中で、もっと強くなりたいと改めて想ったのです。そしてようやく気付いたんです。
「**強くなりたいというこの意志**」こそ強さの本質なのだと。

強さとは、相手をねじ伏せる力ではなく、ただの一度も倒れないことではなく、感情の一切を捨て去ることではなく、折れない鋼のような心を持つことではなく、どんなにつらくても涙をこぼさないことではなく、本当の強さとは「**強くなりたいという意志を持つこと**」なのだと。

人は極限状態に陥った時、その心の最も根幹にある想いの強さを試されるのです。
あなたが絶体絶命と言える状況でも、今よりも強くなりたいと決心して進むべき道を進むことができれば、あなたは自分を病ませることなく支えていけるでしょう。今の社会は、優しくて人のためにありとあらゆる犠牲を払って、それでも誰にも認めてもらえないあなたにとっては地獄と同じように思える時があるでしょう。

声にならない声で泣いたことがあったでしょう。数え切れないほどの傷を受けてきたでしょう。不安で眠れなかった夜も、いくつもあったと思います。それでも、**あなたは強くなりたい**とこの本を手に取ってくれたのでしょう。

私は知っています「**強くなりたいと決心したあなたはすでに強い**」ということを。強くあろうとするその姿こそが最も重要なことなのです。

あなたは「**最も大事なものをすでに持っている**」のです。

本書はそんな**優しくて強くて繊細なあなたが病むことなく、あなたらしく前を向いて楽に生きていける**「**気付き**」となるような本になっています。

誰よりも強いあなたへ、この本を手に取ってくれてありがとう。誰よりも優しいあなたへ、私と向き合ってくれてありがとう。どうか少しの間あなたに寄り添えられれば幸いです。

もくじ

第1章 メンタルが弱くても病まない自分はつくれる

第2章

豆腐メンタルを変えてくれる日々の習慣 …39

第4章

第5章

メンタルダウンをあらかじめ防ぐ自衛隊式限界チェックリスト

第1章

メンタルが弱くても病まない自分はつくれる

第一歩は、長い目で見た「望成目標」と、スモールステップの「必成目標」を決めること

「目的って何？」「目標って何？」自衛隊に入ったばかりの頃の私は、この2つの違いがよく分かりませんでした。

あなたは「目的」と「目標」の違いをご存知でしょうか？

「目標」と「目的」のそれぞれの言葉の意味や、この2つの違いについて、意外と理解していない人が多いのが現状です。ここで再度、それぞれの違いを確認してみましょう。

目的とは、自分が生きていく上で忘れてはならない指針となるべきもののことを言

います。**最終的なゴールであるのと同時に常に達成されている状態が望ましいもの、**ととらえると良いでしょう。

目標とは、目的が達成され続けられる状態を維持する、あるいは目的に到達するためのチェックポイントになるものです。

人生において目的は忘れてはいけないのです。人は自分が今なんのために生きているのか分からなくなった瞬間に心を病みます。

歴史家のトーマス・カーライルは次のような言葉を残しています。

「明確な目的があれば、どんなに険しい道でも進むことができる。その一方で、目的がなければ、平坦な道でさえ進むことはできない」

自衛隊は、**「我が国の平和と独立を守り、国の安全を保つため、我が国を防衛すること」を目的とした組織**であり、**この目的は常に維持し続けられているもの**だとご理解いただけると思います。この「目的」が常に達成し続けられるために、自衛隊では「望成目標」と「必成目標」を立てます。

「望成目標」とは、あわよくばここまで達成したいという理想的な目標のことです。
「必成目標」とは、必ず達成しなくてはならない最低限度の目標のことです。

日本に敵が攻めてきた時にどうなるか分かるでしょうか？　ご想像通り自衛隊が全力をもって迎え撃つことを必成目標にして日本を守るのです。必成目標はできたらいいなという軽い気持ちではなく、絶対に達成する目標として行動を規定するのです。

自衛隊ではこの「目的」に対して、各職種がそれぞれの「望成目標」と「必成目標」を掲げて任務を達成することがお分かりいただけたと思います。
また、「望成目標」と「必成目標」を設定することで、目標の遠さに打ちひしがれてあきらめることもなくなり、向上心を保ったまま、勝ち癖もつくと言われています。

さて、ここであなたは「人生の目的」を設定しているでしょうか？
私は**「楽しく幸せに生きる」**ということを人生の目的にしています。これを達成するために私が掲げる目標の一部を紹介したいと思います。

望成目標
・世界一周旅行で現地のおいしいものを食べる
・愛犬をドッグランに連れて行って遊ばせる
・毎日10キロランニングを行う
・本を毎日1冊読む
・英語をマスターして世界の人と話せるようになる

必成目標
・国内で人気のお店に行っておいしいものを食べる
・家で愛犬と楽しい時間を過ごす
・毎日散歩でもいいので着替えて外に出る
・本を1ページだけでも読む
・英語の素敵なフレーズを一つ覚える

一部ですが、これが私の「目的」に対する「望成目標」と「必成目標」になります。ここで大事なのは、**あなたの設定した目的に対してどんなことでも「目標」として設定して良い**ということです。

そして行ってみたい国やお店の名前、数字を設定するとぐっと目標が明確になるので、ポイントとして覚えておいてください。

なかなか人生の「目的」というのは設定していない方が多いと思います。ここで一度、私と同じように「楽しく幸せに生きる」を目的として「望成目標」と「必成目標」を設定してみましょう。

どんなことでも大丈夫です。一つでもいくつでも大丈夫です。まずは私の真似でもいいです。あなたが何をしたいかという目標を決めてみましょう。

「反動使い厳禁の懸垂」まずは1回の成功を目指し、コツと自信をつかむ

あなたは懸垂ができますか？　または懸垂が好きですか？　私ははじめのうちは懸垂が大嫌いでした。なぜなら「1回」もできなかったからです。でも今は大好きな筋トレメニューの一つとなっています。

陸上自衛隊では「体力検定」と言い、年に一度身体能力の測定を行います。自衛官は体調管理は当然のことながら、体力アップが求められる仕事です。

体力検定ではそれぞれの種目でルールがあり、回数で点数、等級が決められており、一つでも未達の種目があればその検定は不合格になるという厳しいものです。

まず、自衛隊式の懸垂にはルールがあります。

自衛隊式懸垂ルール

1 順手・肩幅で鉄棒を持つ
2 体を振ったり足で反動をつけたりすると強制終了
3 鉄棒の高さまできちんと顎を上げる（顎を乗せる動作はダメ）
4 体を降ろした時に肘をしっかりと伸ばしきる
5 3～4秒の笛が鳴った間に体を上げる
6 笛に2回連続で間に合わなかった場合強制終了

懸垂自体は中学生時代にもやっていましたが、自衛隊式の懸垂は本当に厳しかったです。検定官が目の前について、少しでも反動を使ったと判断されればノーカウントとなります。鉄棒の高さまで顎を上げる時も頭をしっかりと制止させなければならず、もし顎を乗せるような動作があればノーカウントとなります。ノーカウントとなった後に次の笛でしっかりとした懸垂ができなければ強制的に終了となります。できていなかったと判断された段階でも終了です。

普通の部隊では年に一度の体力検定ですが、陸上自衛隊高等工科学校では3か月に一度測定がありました。この高校では最低でも9回は懸垂ができなければ合格にはならず、できないままでは自衛官になれません。

これだけ厳しいルールがあるのであれば、**目指す目標はまず「1回」を確実に行えるようにすること**です。そこでジャンプして飛びついて懸垂を行う、斜め懸垂を行う、ゴムチューブで補助を使いながら懸垂を行う、同期に補助をしてもらって懸垂を行う、などの行動をしました。

練習の甲斐もあってか次の測定の時にははじめて「ノーカン」と言われない懸垂を達成できました。

1回の成功体験によってうまくコツがつかめるようになり、あんなに嫌いだった懸垂も次第に楽しくなり、高校卒業時には20回以上できるようになって、級外という全然ダメな結果から最も点数の高い1級を取得することができました。

ここであなたに伝えたいのは、ものごとは**「0から1」にするのがとても大変なこと。**ここさえ乗り越えてしまえば、後はとても簡単に目標を達成できるようになることです。

「必成目標」と「望成目標」を設定してもらった中で、回数の設定などをした方が陥りやすいのはこの認識です。

一見、「望成目標」の方が回数が多くなり、達成が非常に困難に思われがちですが、「0から1」を含んだ「必成目標」には大きな落とし穴が潜んでいます。

なんで自分は「1回」もできないんだろう。なんで自分はこんなにダメなんだろうと今までも感じてきませんでしたか?

1番大変なのは「0から1」なんです。「1から10」は「0から1」に比べればそんなに大きな問題にはなりません。最も難しいところでつまずくのは当たり前のことなんです。少ない回数ができないことはあなたが決してダメな子だからではありません。最も難しいことだからなんです。

「でも、最初の一歩を踏み出すのは怖い」今あなたはそう思っていることでしょう。

ただ自衛隊の良いところには「1歩を踏み出す」以外にも前に進む手段があります。

「1歩が怖いのであれば匍匐前進で這いずって前に進めばいい」んです。

1回ができないのであればできる人に話を聞くだけでもいい。本でやり方を調べるだけでもいい。頭の中で想像するだけでもいいんです。

「そんなことでいいの？」「凡人の私にはどうせできない」そう思っていませんか？決してそんなことはありません。どんな方法でも前に進む勇気が大事なのです。どんなことでも大丈夫です。私を信じて挑戦してみてください。

朝礼で身に付けた、「必成目標」を公言しモチベーションを上げる大切さ

私が15歳で入学した陸上自衛隊高等工科学校では、朝礼で徹底されていたことがありました。それは「**必成目標を声に出す**」ことです。部隊の規模にもよりますが、この時は30名程度の同期の前ではっきりと自分の目標を公言していました。

当時の内容を公開すると

・3000メートル走の記録を10分30秒以内にする
・小銃の分解、結合を習得する
・射撃検定に合格する

といったものが挙げられます。

なぜ公言していたのかと言うと、自衛官になり一番に覚える心構えである**「しこせきだん」**が関係しています。「しこせきだん」とは

1　使命の自覚
2　個人の充実
3　責任の遂行
4　規律の厳守
5　団結の強化

それぞれの頭文字をとって「しこせきだん」と呼ばれます。

「必成目標」を公言することは、ここで言う「責任の遂行」「団結の強化」にフォーカスを当てています。

まずメリットとして挙げられるのは

・責任の遂行…背水の陣で後に引けない状況を作れる、目標の刷り込みが明確に行われる

・団結の強化…くじけそうになった時に仲間に応援してもらえる、周りの仲間が助けてくれる

それぞれについて焦点を当てると、後に引けない状況というのはその名の通り「背水の陣」を敷くことによってそれをやらざるを得ない状況を作ることで簡単に逃げないようになることができます。

目標の刷り込みが明確に行われるというのは「常にその目標が念頭に置かれる」といったものです。念頭に置かれたものを繰り返し刷り込みすることによって目標達成は確実なものになります。**「繰り返されたことは真実になる」**のです。

あなたはナチスドイツの宣伝大臣であったヨーゼフ・ゲッベルスをご存知でしょうか？　広く宣伝をし、人々の考えを操作する方法「プロパガンダ」を積極的に行った

人物です。人という生き物は繰り返し聞かされたことを本当のことのように錯覚するのです。

プロパガンダと言うと聞こえが悪いですが、**主観的に達成していない目標を刷り込むことは、「もしかしたらダメかもしれない」といった洗脳を撃退するのにとても有効**です。

また、目標を達成しようと努力している時に心が折れる出来事がたくさんあると思います。その中で目標を周りの仲間に言っていると「頑張れ」や「お前ならできる」といった励ましの言葉をかけてもらえることがあり、本当に力になります。

周囲の仲間が助けてくれる、といったものでは、本来であればそれを達成するために自分一人で情報収集や試行錯誤をするものですが、周りの人があなたの目標を知っていればそこから新しい情報が入ってくることがあります。

「必成目標」を公言することのメリットについて分かっていただけたと思いますが、

一つ注意点もあります。それは**ドリームキラーの存在**です。

ドリームキラーというのは、「お前にはできっこないよ」「そんなことを目標に掲げるのはおかしい」などと、あなたにネガティブなことを言ってくる、一定数の人のことです。そんな人間に会ってしまった時はすぐに距離を置きましょう。

目標を言うべき相手のポイントは、同じ目標を持っている気の合う仲間、いつも助けてくれる優しい人、すでにその目標を達成している人や、あなたの成長を心から応援してくれている人です。周りの人全員に公表する必要は全くありません。

あなたのことを応援してくれる人であれば、たとえ目標達成に失敗しても再び前を向かせてくれます。達成するのももちろん大事ですが、失敗してもそこからまた学べばそれでいいのです。もしも周りに言う人がいなければ自分自身に目標を言ってみましょう。

まずは一つ、目標を宣言してみましょう。

「望成目標」と「必成目標」をノートに書き直すことで目標達成はより簡単に

私が陸上自衛隊高等工科学校に所属していた際は、3か月ごとに目標を振り返り、目標ノートに「望成目標」と「必成目標」を書いていました。ノートに手で目標を書き出すということは実は3つのすごい効果があるのです。

① 脳へのイメージの刷り込みの強化
② 見える化によるプライミング効果
③ RASの効果を利用できる

それぞれ順に説明していきたいと思います。

まず、脳への刷り込みの強化ですが、「書く」という動作の一番のメリットは「**時間がかかる**」ことです。

タイピングで文字を入力する場合には、その文字の持つイメージを抱きにくいです。瞬時に文字を打つことができますが、その文字と別の思考が並行処理され、目標との乖離・マルチタスクという問題につながり、集中できず頭に残りません。

例えば「ベンチプレスで１２０キロ上げる」という目標をタイピングで入力する場合にも、私は「今日何を食べようかな」と余計なことを考えて目標を理解する時間を確保できません。**「手で文字を書く」という動作中は、その意味を理解するための「時間が得られる」**ので雑念が浮かばなくなり、**その目標を自分の中にしっかりと刷り込むこと**ができます。

２つ目に「**見える化によるプライミング効果**」です。

プライミング効果とは、「**最初に見たり聞いたりした情報から刺激を受け、後の行**

動に無自覚なまま影響を起こす」ことを指します。

プライミング効果として代表的なものが10回クイズです。子どもの頃よくやったことがあるのではないでしょうか。例えば「ピザ」と10回言わせた後に肘を指すと最初のピザという言葉に影響され相手は膝と間違えてしまうといったものです。

あわせて、手書きで文字を書き出すと「紙」という形で残ります。これを例えば壁に貼る、玄関のドアに貼る、洗面台の鏡の横に貼ると目標との接触回数が増えます。これによって世間のネガティブな話題ではなく自分自身のポジティブな目標に影響を受けられるようになっていくのです。

3つ目に「**RASの効果を利用できる**」です。

「RAS」とは「Reticular Activating System」の略で、脳幹《のうかん》網様体《もうようたい》賦活系《ふかっけい》と言う脳機能の一つです。この「RAS」を簡単にお伝えすると、その人がフォーカスを当てたものに対して、**脳はその情報を自動的に集める**という働きです。

例えば

・ケーキが食べたいと思ったら町中でケーキ屋が発見できるようになる。
・欲しいアクセサリーがあったらつけている人を発見できるようになる。
・友達の声がどんなに混雑しているところでも聞き取れるようになる

というものです。

情報収集は頑張って行わなければいけないものと思っている方が多くいますが、実際私たちは「ＲＡＳ」の効果を用いて勝手に情報を集めています。**実は努力は全く必要ない**んです。

「ＲＡＳ」で理解していただきたいことは、フォーカスを当てたらネガティブなものでも情報を集めてしまうことです。仕事が嫌だな、勉強したくない、あの人実は苦手、などと思っていると、それに関連した情報も自動で集めてしまうのです。

ポイントは「自分自身の目標」にフォーカスを当てることです。これによって「Ｒ

ＡＳ」の効果をプラスに働かせることができます。

この３つの効果によって簡単にあなたは目標を達成することができます。

そして目標を一つしか設定していない人は、次の目標設定の時はぜひ目標を増やして書き出していただきたいです。

軍事には「重心」という考えがあります。部隊には、人体で言うところの心臓のように一部が損害を受けると全体に多大な損害が起こる致命傷となる部分が存在し、それを「重心」と言います。**あなたは、あらゆる手段をもって自分の重心を守らなければならない**のです。

例えば、「ベンチプレスで１２０キロを上げる」といった望成目標と「ベンチプレスで怪我をしない重量で適度に体を動かす」といった連動した目標のみだと、これらが「重心」つまり急所になり得る場合があります。

人はその目標が達成できれば「燃え尽き」達成できなければ「打ちのめされ」無力感に襲われることがあります。これを防止するのが**複数の目標を持つ**ことです。その「重心」を分散させることができれば、あなたは致命的なダメージを受けて病んでしまうことはなくなります。

なかなか目標が思いつかないという時は、四季を意識してみるのが良いでしょう。それぞれの季節でしか味わえない目標を設定してみると人生が明るく彩られ張り合いが出ます。

では、ノートにあなたの目標を書いてみましょう。

第2章

豆腐メンタルを変えてくれる日々の習慣

朝の「乾布摩擦」
朝に自分のスイッチをONに切り替える行動が元気に過ごすキモ

陸上自衛隊高等工科学校の1日は、日朝点呼と呼ばれる起床直後の点呼からはじまります。

在籍していた頃は毎朝6時に起床ラッパが鳴り、5分以内に学年ごとに学生隊舎の前の広場に集まります。服装は上半身裸、全力疾走で集合場所に向かい季節に関係なく毎日乾布摩擦を行います。冬は横須賀の海から吹いてくる風が冷たくて身が凍るほどの思いを何度もしました。毎朝日朝点呼があるわけですが、卒業する3年間はこの時間が本当につらかったのです。

あなたは朝起きるのがつらくありませんか？　私はできることなら朝は起きたくあ

りません。昔から朝起きるのは苦手でした。学校は時間ギリギリに登校していましたし、そもそも目覚ましで起きることすらできていなかった人間です。

そんな人間が毎日乾布摩擦をしなければいけないのです。本当に朝なんか来なければいいのにと毎日嫌な気持ちでいっぱいでした。

そんな気持ちを打開するためにやったのは、起床ラッパ後に同期と「頑張るぞ」と声を掛け合うことでした。たったこれだけでスタート意識が変わって前向きになれます。朝、仲間と気持ちを入れ直すだけでも毎日の気持ちはすっきりとするものです。

では、あなたも毎日乾布摩擦をしてみましょう！　とは言いません。あなたも朝起きるのがとっても苦手だと思います。いきなり乾布摩擦というのはハードルが高いでしょうし最も効果的なことだとは思いません。

ポイントは**「つらい」朝の習慣を実行するのではなく自分が前向きになれる習慣を作る**ということです。自分のスイッチというのは「あなたの好きなもの」を設定すればそれで良いのです。私も在学中の３年間は乾布摩擦をやっていましたが、卒業後その習慣はなくなりました。そしてつらい習慣とはおさらばして毎日楽しい習慣を作っていきました。

人は①視覚（見ること）②聴覚（聞くこと）③嗅覚（嗅ぐこと）④味覚（味わうこと）⑤触覚（触ること）の５つの感覚から情報を得ています。ここに刺激を与えることで朝のスイッチが入ります。

あなたにおすすめなのは

・アロマストーンやアロマディフューザーを用いてアロマを楽しむ（コットンやティッシュに数滴垂らしても楽しめます）
・オルゴールなどの音楽を聴く
・シャワー後にちょっと良いタオルで体を拭きふわふわの肌触りを体感する

などがあります。もちろん読書をしながらアロマを楽しむといった複数の感覚に刺激を与えるのもおすすめです。あなたの楽しみになるものならなんでもＯＫです。

もし朝にランニングなどの習慣がある方は、ランニングの準備をしてから寝ると起きた後にすぐ行動に移りやすく継続がしやすくなります。

あわせて5キロ走るなどではなく、「1キロ地点の金木犀の香りを目指す」や「3キロ地点の川のせせらぎを目指す」などその先々で自分が前向きになれるようなスポットを決めておくととても楽しい習慣になります。

そしてこれを必ずやる、といった凝り固まったものでなく「自分を大切にする」概念自体を朝の習慣にするのがおすすめです。今日はローズマリーのアロマで明日はレモングラス、今日は紅茶で明日はコーヒー、今日はランニングで明日はサイクリングなど日々違ったことをやるのはとても充実します。

あなたは頑張りすぎて周りの人を優先しすぎてはいないでしょうか？　自分ではない誰かのために頑張れるあなたを私はとても素敵だと思います。だからこそ、頑張るあなたを癒やしてあげるスイッチを朝に作ってみましょう。

毎日に幸せをちりばめる、それが朝の「習慣」のあり方だと私は思います。そんな朝の習慣があれば1日があふれんばかりに輝きます。目を覚ますことも苦痛でなくなります。

世の中はあなたにとって厳しいことがたくさんあります。だからその分めいっぱい自分に優しくしてあげましょう。自分で自分を喜ばせる、心と体を癒やす習慣があなたを病ませることから遠ざけます。

そしてその朝の習慣は素敵なあなたをよりいっそう輝かせるのです。ぜひ、朝の習慣を「自分を大切にする」時間にしてみましょう。

おはようございますの「敬礼」 上司先輩仲間との関係を良好にする基本中の基本

自衛隊では「敬礼」と言って人とすれ違うたびに挨拶をし、「敬礼」を受けた人は「答礼」にて挨拶を行います。また同じ階級の者同士でも相互に「敬礼」を行います。

「敬礼」とは相手に敬意を示すことです。日常での挨拶というのはこの「敬礼」と同じ性質を持っていて、挨拶を大切にすることは「相手に敬意を示すこと」を意味すると言えるでしょう。

相手に敬意を払いその人の存在を大切にしている人は、関わる人すべてに好印象を与えることができます。このことから**挨拶は人間関係構築の基本中の基本**と言えるでしょう。

挨拶で自衛官時代、上官から言われていたことは「**心を込めろ**」ということです。心のこもった挨拶が積み重なっていくことで、あなたは周りの人から良い印象を持たれ、人間関係がどんどん良い方向に向かっていくのです。

自衛隊中央病院での勤務時は、手を上げて敬礼を行う機会はほぼなくなりました。その代わりに患者様と接する時の挨拶のポイントとして次のことを行っていました。挨拶でのポイントは「**素敵な表情と謙虚な態度を身に付けること**」と、「**場所と相手に合わせた声の大きさと抑揚に気を付けること**」です。

「素敵な表情と謙虚な態度を身に付ける」ですが、**挨拶で大切な素敵な表情とは笑顔**なのです。

目は口ほどにものを言うと表現するように、目つきや表情からもその人の心が伝わるのです。病院ではマスクをしているため、目元には特に注意していました。挨拶をする時この点にも気を配るようにすることがとても重要です。

温かみのある笑顔は相手の気持ちを和らげることができます。ニコニコした笑顔や、心休まるような微笑みを添えることがあなたの挨拶に輝きを与えるのです。

謙虚な態度ですが、患者様が来た時に座ったままで挨拶するのときちんと立って挨拶をするのとでは全く印象が変わってきます。横柄な態度をとらず、謙虚でいることを常に心がけていました。

「場所と相手に合わせた声の大きさと抑揚に気を付けること」ですが、その場の状況にふさわしい挨拶の大きさと抑揚というものがあります。今のタイミングではどのような挨拶が最適なのかと考えて、適時適切な大きさの声や抑揚を出すようにすることが重要です。患者様によっては大きな声でないと聞こえない方や逆に大きな声だとびっくりされる方もいらっしゃいました。

ポイントは、「**相手の気持ちをしっかりととらえる**」ことです。これによって声の大きさや抑揚が定まり、気持ちのこもった挨拶になるのです。

相手を思う気持ちを伝えようとする時には言葉に自然と温かみが生まれます。また、心を込めて話している時にはしっかりと抑揚もついてきます。

併せて**挨拶で相手の名前を呼ぶことがとても大事**です。病院での挨拶では必ずお名前をつけて挨拶をしていました。「○○さんおはようございます。今日もよろしくお願いします」と名前を付け加えることでも心がこもった挨拶になります。

そして挨拶をする時はあなたから挨拶をするようにしてみましょう。敬意が相手にしっかりと伝わりますし、きっとその人も嬉しくなるでしょう。挨拶はあなたの人生を輝かせます。ぜひ、今日から挨拶をはじめてみましょう。

鏡の前で「服装点検」自分を客観的に見る目を養う大切さを知る

自衛官は、正しく制服等を着用し服装および容儀を端正にし、自衛隊員の規律と品位を保つように努めなければいけません。

そのため自衛官は鏡の前に立つと自分の服装が乱れていないか、気をつけや敬礼は正しい姿勢か、そういったものを客観的に見る癖が備わっていきます。

日常の生活で動き回れば着こなしは崩れてしまいがちですが、ちょっとした合間を利用して短時間で身なりを整える癖をつけるのはとても大事なことです。

このような行動を習慣化していくと、忙しい生活の中でも身だしなみが乱れなくなっていきます。

あなたの場合だと鏡の前で普段の姿勢を正してみるのがおすすめです。姿勢を正すとは、胸を上に引き上げ、両肩を少し後ろに引きお腹に力を入れます。顎を引き頭を左右に倒さず真っ直ぐにして、拳を握って体の横に付けた状態です。

悪い姿勢は正しい姿勢に比べさまざまな悪影響が出ることにもつながります。

・肺が圧迫されて呼吸が浅くなり、酸素が全身に行きにくくなる
・筋肉や関節に負担がかかるため自律神経のバランスが乱れやすくなる
・きちんとした姿勢より見た目が悪く見える

など、デメリットが多いです。

正しい姿勢をとることはストレスを感じにくい状態を作ることにもつながります。辛いことや悲しいことがあるとついうつむいてしまいませんか？　姿勢を良くしストレスに強い体を作るために、鏡の前で一度正しい姿勢をとってみることや背伸びをしてみるのがおすすめです。

そしてあなたにおすすめしたいもう一つのことは、鏡の前の自分に向かって「**問いを投げかけて答えを出す**」ということです。

負傷した隊員の救助を行う衛生科隊員としての訓練をしている時に、こんな場面がありました。

私は担架班を指揮し4人1組の中の班長として訓練についていました。ここでの担架班の任務は、戦闘で傷ついた仲間に救急法およびトリアージを行い、怪我の度合いによって後方に下げてより良い治療を受けるために担架を用いて運ぶことでした。救急法とは怪我人や病人が発生した時、傷病者自らまたは隊員同士で行う救急処置等を言います。

トリアージとは重症度や治療の緊急度に応じた傷病者の振り分けを意味します。災害時においては医療スタッフや医薬品などが限られるため、より効果的に傷病者の治療を行うように治療や搬送の優先順位を決定するものです。

第1順位として命を救うため直ちに処置を必要とするもの、例えば窒息・大量出血・ショックなどの危険性のあるものなどを「赤」としています。

第2順位として「黄色」多少治療が遅れても生命に危険がないもの、基本的にバイタルサインが安定しているものを指します。

第3順位としては「緑色」のもの、軽微でほとんど専門医の治療を必要としないものです。

第4順位として「黒」、すでに死亡している者または明らかに即死状態で心肺蘇生を施しても蘇生の見込みのないものが挙げられます。

バイタルサインとは人間が生きていることを示す生命の兆候であり、一般的に意識・呼吸・脈拍・血圧および体温を言います。

そして訓練という状況だとしても、私が負傷者と接触した時の状況は「**迷いを生む**」まさにそのものでした。血管が損傷し大量出血している隊員（大量出血）、胸の損傷により呼吸がしにくくなっている隊員（緊張性気胸）、気道が損傷して呼吸ができない状態になっている隊員（気道閉塞等）。班で接触したすべての負傷者がトリアージ「赤」であり、誰を選んでいいのか分からない状態となりました。ここでは処置しきれない状況です。

その中でも選ばなければいけないのです。全員は連れて帰れません。何を優先するのか？　トリアージでは選別できません。

「誰を助けて、誰を見捨てるのか」時間は刻一刻と迫っています。そしてその決断を自分がしなければならないのです。決断をしないということは命がどんどん失われていくということです。

そして負傷した隊員を担架で運んでいる途中にまた悲劇は起きました。**道を選ばなければいけないのです。**担架で通れる道の幅は決まっています。山での訓練で簡単に通れる道を選んだばかりに、私は班員をトラップに引っ掛けて負傷者を出してしまいました。

この訓練の結果は散々なものとなりました。どうすればよかったのか、私は「答え」が出せなかったのです。そしてこの訓練に正解はありませんでした。**この訓練の本質は「迷いの中で決断をさせること」**でした。

あなただったらどんな答えを出せば良いと思いますか？

「正解がないのであれば自分の納得する答えを出せばいい」のです。

人生は決断の連続です。正解が分からないこともたくさんあります。正解がない中で私と同じような境遇にあなたもなることがあるでしょう。ただ、その中であなた自身の納得する答えが出せればきっと満足が行くはずです。

自分自身に向かい合って客観的に問いを投げかける機会は日常ではなかなかないと思います。ただ向かい合うことによって本当の自分に会えるのです。鏡の前というのはそれを行う重要なきっかけになる場所です。

あなたは何をしたいのか？　あなたはどこに行きたいのか？　あなたは本当は何になりたいのか？

ほかの誰かの答えよりも重要なのはあなたの答えなのです。あなた自身の答えがあなたの人生を作っていきます。人生に納得できるように、まずは一つずつ自分で答えを出していきましょう。

日々のお金の管理をする「金銭出納帳」数字で自己管理する方法で不安も減る

あなたは日々お金を管理しているでしょうか？　自分はしっかりと管理できていないな……なんて思いませんか？

かくいう私もお金の管理が本当に苦手で、自衛隊高校に入ってから金銭出納帳という形ではじめてお金の管理をしました。金銭出納帳とは何か？　というと、家計簿のようなもので日々のお金を使ったこと、またお小遣いなどお金が入ってきたことを記録し続けるものです。

なぜこれをやるのか、高校生になった段階ではじめての給料をいただきます。そしてお金の使い方で多いのは、あったら全部使ってしまうパターンです。私もそのうちの一人で、お金はすべて使い切ってしまうタイプでした。そのため、自衛隊ではきちんとした金銭感覚を身に付けるため金銭出納帳をつけさせています。

お金の管理をすると何が分かるのか？　それは、**自分の状況が「正確に分かる」**ことが挙げられます。それでもなかなか面倒くさくて、家計簿のような形で管理することは少ないでしょう。

あなたももしかしたら、クレジットカードなどで買い物をした後に何とびっくり、引き落としの金額がこんなにかかるとは！　その後にもし口座の残高が少なかったりしたらどうしたらいいんだろう？　となった経験があるかもしれません。

手持ちのお金、口座のお金を正しく認識することによって、今現在自分がどのような状況でどれぐらいの資金管理ができているのか、またその資金を貯めるためにはどうすればいいのかなど、あらゆることが分かってきます。

また**金銭を正しく認識できるということは、今から貯金をはじめて、この段階ではいくら必要でこの段階ではいくら貯まっているなと将来像を描くことも可能**となります。

昨今では副業などでお金を稼ぐ人も多くなってきていますが、まずは普段のお金の使い方を見直した方が楽に貯金できることにもつながっていきます。

貯金があれば将来の自分が万が一仕事で働けなくなった場合でも、このくらいまでは持つと言う精神的なよりどころにもなります。お金は心と密接に関わっています。仮に、あなたが４００万円貯金できれば1年程度は何もしなくても生活できるのです。無駄に使うなら将来の自分にお金を託してあげるのも良いと思いませんか？

金銭出納帳をつけて無駄を省こうとした時に、それでも無駄遣いしたい欲が出てきてしまうかもしれません。今月は2万円までしか遊びには使わないぞ！　と決めていたのにあと1万円くらいだったらいいかな？　とついついお金を使ってしまう時があります。

そんな時におすすめしたいのは、「**引き出すのにものすごく面倒なところにお金を入れておくこと**」です。

自衛隊では定期積立貯金といった、給料を自動的に積み立てて貯金をしてくれるシステムがあります。これが防衛省のＡＴＭでしか引き出せず、ＡＴＭの数も少ないのでお金を準備するのがものすごく面倒くさいのです。

日常で言えば脚立でしか取りに行けないような場所に通帳やカードを置く、カギのかかった金庫にさらに貯金箱をセットしてお金を入れるなど、お金を準備するのに面倒くさい手順をセッティングしておくと無駄遣いの防止につながります。

加えて、なかなか周りでやっている人はいませんが、どれくらい貯金できたかというのを人と共有するのも良いかもしれません。数字が増えていくのを人と共有するとどうやって節約したのかのヒントももらえることがあります。

お金は心の余裕を生み出します。さっそく金銭出納帳をつけてみましょう。

教官に毎日提出する「連絡帳」当日に悩みを吐き出すことが逆に心を強くする

自衛隊高校時代には毎日連絡帳を書き、それに教官からフィードバックをもらうといった「交換日記」のような習慣がありました。

上官が見るのであまり好き勝手なことを書けなさそうですが、実は意外となんでも書いてよかったのです。言葉遣いも決まりはなく、本当に自由に書いていました。

では、あなたも毎日日記を付けましょう！　と言っても書き方が分かりませんよね？　普段の生活の中で「日記」を付ける時のポイントを紹介したいと思います。

最初に**負の感情をありったけ書き出すこと**と、**負の感情の後によくできたことやポジティブな言葉を書き出すこと**です。

最初に、負の感情をありったけ書き出すことですが、あなたは普段自分の中に生まれる負の感情をどうしていますか？　きっと優しいあなたのことなので自分の中にため込んでしまっているのではないでしょうか？　最初はその押し殺していた感情を思いっきり書き出してみましょう。私も訓練や先輩からの指導など、行き場のない怒りをよく連絡帳に書いていました。

ストレスに感じたこと、不安や悩みなど、その日感じたことをひたすらに書くといったものはとても良い影響があるのです。自分の感情を言葉にすることで、

・ネガティブな気持ちが書くことで発散され整理がつく
・主観的な目線から客観的な目線で自分自身を見ることができる
・吐き出せないと思っていたストレスが書くことにより軽減できる

といった効果が得られます。

書いたことはあなたしか読まないので、どんなことでも本音で書くことがポイント

になります。

次に、負の感情の後によくできたことやポジティブな言葉を書き出すことですが、負の感情を吐き出した後は必ず自分が今日よくできたことを書き出しましょう。私もつい、ネガティブなことばかり書いて良かったことも書きなさいと指導されていました。悪いことばかり書いてしまうとその内容に気持ちが引っ張られてしまいます。そんなマイナスな気持ちは力をくれる言葉や出来事で中和してしまえば良いのです。

・人からされて嬉しかったこと
・自分で頑張ったと思えること
・普段よりもうまくいったこと
・いつもあなたのことを想ってくれている誰かへの感謝

など今日あったポジティブなことを書き出してみると良いです。

言葉には力があります。その言葉の意味をよく考え、自分にどのような影響があるのかなと日記を書きながら考えてみましょう。

それでもなかなか書き出せない時は、名言や格言などを書き出すのも効果的です。

ケント・M・キース氏の逆説の十カ条はとても力強い言葉なので紹介します。

逆説の十カ条

1　人は不合理で、わからず屋で、わがままな存在だ。それでもなお、人を愛しなさい。

2　何か良いことをすれば、隠された利己的な動機があるはずだと人に責められるだろう。それでもなお、良いことをしなさい。

3　成功すれば、うその友達と本物の敵を得ることになる。それでもなお、成功しなさい。

4　今日の善行は明日になれば忘れられてしまうだろう。それでもなお、良いことをしなさい。

5　正直で率直なあり方はあなたを無防備にするだろう。それでもなお、正直で率直なあなたでいなさい。

6　最大の考えをもった最も大きな男女は、最小の心をもった最も小さな男女によって撃ち落とされるかもしれない。それでもなお、大きな考えをもちなさい。

7　人は弱者をひいきにはするが、勝者の後ろにしかついていかない。それでもなお、弱者のために戦いなさい。

8　何年もかけて築いたものが一夜にして崩れ去るかもしれない。それでもなお、築きあげなさい。

9　人が本当に助けを必要としていても、実際に助けの手を差し伸べると攻撃されるかもしれない。それでもなお、人を助けなさい。

10　世界のために最善を尽くしても、その見返りにひどい仕打ちを受けるかもしれない。それでもなお、世界のために最善を尽くしなさい。

あなたはつらい言葉に打ちのめされる日々を送っているのかもしれません。それでもなお、**言葉は「あなたの世界」を広げてくれる**のです。さっそく今日から日記をつけてみましょう。

第3章

折れない心の人がやっている物事のとらえ方

「戦車乗り」年上部下の目線で自分をとらえれば自分の理解の幅が広がる

「人類が空を飛ぶことと戦争とを最初に合体させて以来、だれかしら飛行士を撃ち落とそうと試みてきた」（ダン・ハンプトン『F－16』柏書房）

そして、私は飛翔体を撃ち落とすことを任務にしていました。

社会や集団でも、人は時としてその集団で浮き、撃ち落とされることがあります。

そして私も、強烈なエゴイスティックのせいで撃ち落とされる側になった経験があります。

陸上自衛隊高等工科学校を卒業後、私は第7高射特科連隊という部隊に配置されました。高射特科部隊というのは、航空機やヘリコプターなどを撃ち落とす部隊です。私はこの部隊で87式自走高射機関砲という対空戦車に乗っていました。

高校を卒業してはじめての部隊配置、弱冠19歳にして部下もできました。全員が年上であり、最も年が離れている部下は8つ年上でした。

その時の私はエゴの塊でした。部下にはなんでこんなこともできないのかと思い、自分より年を食っているのにレベルは低い、やる気はないと軽蔑をしていました。そして能力のないやつはゴミといったある種の「優生思想」まで持っていました。

俺がなんとかしてやる、そんな強烈なエゴイスティックで部下全員を操作しようとしました。その時の私は暴君のようでした。

そんな接し方をしていたために、一人また一人と部下は私と接してくれなくなりました。

最後の最後まで接していてくれた部下が接してくれなくなり、なぜ言うことを聞かないのかという「**問題の原因が自分にあった**」ことに気付きました。

部下との集団の中に私の居場所は完全になくなりました。行き過ぎた自信は時としてエゴや傲慢となり人を離れさせます。そして集団から浮き上がった私は何としてももとの状態に戻らなければいけませんでした。

そこで私は世界で最も危険な任務をするパイロットたちを参考にしました。「ワイルド・ウィーゼル」アメリカ空軍最強の命知らず。F－4やF－16を駆り、交戦地域へ最初に送り込まれるパイロットたちです。

彼らは味方の航空機が安全に飛べるように、自らを囮にしてミサイルを撃たせ、地上で隠れている相手の場所を特定しそれを破壊します。真っ先に撃墜されるリスクを負い、そして自陣に着陸するのです。

一度失った信頼を再度得るにはまさしく彼らのように撃ち落とされるようなつらい

思いをしなければならない時があります。

航空機がミサイルや機関砲を避けるのは簡単だと思いますか？　ミサイルの追随を振り切るための装備にもいろいろなものがありますが、航空機がミサイルを避けるのは至難の業です。

ミサイルを避けるためには時として高G機動で避けなければいけません。パイロットは自分の体重の何倍もの重力を受けながら、耐Gスーツで自身の血液が脳から逃げないように下肢を締め付け、腹に力を入れて死に物狂いで避けるのです。

そして飛んでくるミサイルは1発だけではありません。旋回によって空中で速度を失った航空機などただの的にすぎません。私だったらそんな航空機は一撃必墜で撃ち落とす自信があります。

航空機が空中で失った速度を取り戻すためにはどうすれば良いのか？　ゲームのよ

うに即座に加速することはできません。

「真っ逆さまに地面に突っ込むようにして加速する」これが最も速く速度を得る方法なのです。

高度を下げて敵との距離を縮めることによって、空という自由な場所から地上という不自由な場所を選ぶことによって、はじめて「速度」という自分を生かすものを手に入れることができるのです。

私が人から撃ち落とされそうになった時にはどうしたのか？　どれだけの不信感を抱かれようとも、自ら積極的に関わることによって、**「相手の懐に飛び込むことによって」**ようやくもとの信頼を取り戻せるようになったのです。

私の傲慢さから年上部下から撃ち落とされる思いをしました。同時に自分が航空機を撃ち落とす仕事をしていて良かったと思いました。

傲慢さといったものはあらゆる人に「敵対的な信号」を送ってしまいます。この経験でようやく謙遜を知り、なんて自分は愚かな考えを持っていたのかと学んだのです。

私はそこに戻りたかったのです。私が悪かったから。だから頑張れたんです。ただ、現実では時として、理由もなくあなたが「撃ち落とされる」側になります。**あなたに問題がない時にそのようなことになったら迷わずに逃げてください。**

戻りたくない場所のために戦うのはあなたのためにならないです。

『西の魔女が死んだ』（梨木香歩　新潮文庫）という小説にこんな言葉があります。

「サボテンは水の中に生える必要はないし、蓮の花は空中では咲かない。シロクマがハワイより北極で生きるほうを選んだからといって、だれがシロクマを責めますか」

その時々で、自分がいたい場所にいて良いのです。今一度「あなたがいたい場所」を考えてみましょう。

「反省」
先輩目線で物事をとらえることで不満がありがたみに変わり、もやもやがなくなる

自衛隊では「反省」といったものがあります。反省とは、規則にそぐわないことや自衛官としてふさわしくない行動があった場合に、腕立て伏せやかがみ跳躍、その他さまざまな指導を行うことです。

私は高校時代にこの反省という制度を幾度となく味わってきました。自分自身のミスの時はもちろんのこと、自衛隊は連帯責任という制度があり、誰か一人でもミスをすればそれを助けなかったという理由で全員が反省の対象となりました。

なぜこんなことをするのか？　よく言われるのは「**理不尽**」**を知るため**だと言われ

ています。私たちが極限状態の中で活動するためには最も効率的な教育なのです。

極限とも言える状況で、人が恐怖やストレスに屈することなく行動するためにはどうすれば良いのでしょうか？

方法の一つとしては**「思考が停止するほどの反復演練」**と**「ミスをすると身体的罰則」を組み合わせること**によって、極めて従順でどんな状況においても体が動く人間ができ上がるのです。これを身をもって理解していきました。ただこの方法はとてつもない苦痛を伴うのです。

同期も両手に収まらないほど辞めていきました。本当にこんなものが必要なのか？と、もやもやを通り越してぐしゃぐしゃな思いだけが残りました。

頭ではなんとか理解しようとします。そして実際に私は理不尽に恐ろしいほど強くなりました。ただ、ふるいにかけられて淘汰され、潰れていった同期はなんだったんだと答えは出ないままでいました。

私は怖いのも、痛いのも、苦しいのも嫌いです。ただ、嫌いではありますが本当になんでも耐えられるようになったのです。本当になんでも。果たしてこれが強さなんだろうかと疑問になりました。強さとは何にでも耐えられるようになることなのかと。

耐えられずに心から傷ついた人はどうなってしまうんでしょう。

ノルマンディー上陸作戦を経験し、激戦を潜り抜けたJ・D・サリンジャーの『ライ麦畑でつかまえて』（白水社）より言葉をかりるなら、次のようなセリフが浮かぶのではないでしょうか。

「I thought what I'd do was, I'd pretend I was one of those deaf-mutes」

これをTVアニメ『攻殻機動隊　STAND ALONE COMPLEX』では次のように訳しています。

「僕は耳と目を閉じ口をつぐんだ人間になろうと考えた」

潰されていった人というのは社会のあり方、人間の暴力性、言葉、ありとあらゆるものに絶望して他者との交わりを断ち、もしかしたらこう考えてしまうのではないでしょうか？

高校の3年間では、理不尽という耐えるしかないどうしようもないものに私も同じような考えをしていました。ただ、攻殻機動隊ではサリンジャーのメッセージにプラスでこう記されているのです。

「or should I?（が、ならざるべきか?）」

高校を卒業した後、陸曹教育隊といういわゆる正社員になるための教育機関に行きます。ここでの教育で理不尽というものにけじめをつけることができました。

私の教官は特殊作戦群出身でした。そして高校の先輩でもありました。特殊作戦群とは「精鋭無比」と称される第1空挺団から優秀な者をピックアップし、部隊の形にした陸上自衛隊における精鋭中の精鋭です。準備期間中はその存在を極秘扱いされておりSpecialの頭文字から「S」と隠語で呼ばれていました。

私はあまり良い気分ではありませんでした。ここからまた理不尽がはじまる。歯を食いしばって生きていかなければいけないと。

ただ「S」は優しかったのです。もちろん教育の中で厳しいこともありましたが、理不尽だと思う場面は一度もありませんでした。**理不尽とも言える場面が理不尽ではなかったのです。**「S」は自らが一緒になってそこを受け止めてくれました。

高校の教官や先輩が優秀でなかったわけではありません。極めて優秀な人たちばかりでした。ただその理不尽は押し付けられるものが多かったのです。

ようやく気付きました。なぜこの身に理不尽を受けなければならないのか？　なにが「理不尽」か分かることによって「理不尽」を相手に与えないで済む。

強さとは理不尽に耐える力ではなく、相手から理不尽を除外する力なのです。

そして理不尽という場面を教えるためには必ず一緒にやることで理不尽を消すことができるのだと。こうすれば、ふるい落とされる人間は極限まで少なくすることができるのです。追い込む側の人間は自分も逃げちゃダメなんです。これができる人は本当に本当に少ない。「S」はこれを私に教えてくれました。

追い込んで地獄のような極限状態で動けるようにするのも優しさであると言えるでしょう。ただ理不尽を理不尽と認識させずに成長させることはそれよりも大事なことなのです。

あなたもきっと理不尽をたくさん受けてきたのでしょう。ただ、ほかの人に同じことをしようとは思わないはずです。たまに無意識に人を傷つける人がいると思います。それはその痛みを知らないからなんです。

あなたもそうであるように私も、誰よりも痛い目を見たから優しくなれました。そして「理不尽」という存在を消す強さも得られました。今ではすべての先輩たちに感謝の気持ちしかありません。

あなたもきっと、つらくてつらくて耐えられない日々を過ごしているのかもしれません。あなたにはその痛みが分かる。その分あなたは優しくなれました。

あなたには理不尽を除外する力がある。それはとても優しい強さなんです。どうかその強さを発揮してみてください。

そうすればこの理不尽な世界に対して、耳と目を閉じ口をつぐんだ人間ではなく、あなたのように耳と目を開いて言葉を紡ぐ人が増えていくでしょう。

「模範学生」後輩目線で物事をとらえることで改善点が見えてくる

模範学生とは、高等工科学校で特に体力、勉学面、服務面で優秀な学生が3年時に選ばれ、1学年の生活すべての指導を行う学生のことです。私もこの模範学生になりました。同期と一緒に、後輩の生活全般の教育を行うのです。しかし、それは模範には遠く及ばないものでした。

正直なところ当時は模範学生はやりたくなかったというのが本音でした。いくら1年、2年と自分がこの自衛隊高校で経験を積んだからと言って全く自信はついていませんでした。自分の中にそんな余裕はなかったんです。失敗なんてしたくない。失敗するのは目に見えていました。

活模範という言葉が自衛隊にはあります。文字通り**後輩たちに「活きた見本」であるという姿を見せる**ということです。

案の定、私は活模範には程遠い存在でした。模範的な姿を見せてはあげられなかったのです。親元を離れて心のよりどころがない後輩たち、本当であればそのよりどころになってあげなければいけなかったのです。

ただ、自分自身の勉強やさまざまな業務に追われてうまくいかなかったというのが正直なところです。そのつらさが分かるのに、未熟なうちに教育に携わってしまい、心のよりどころになってあげられませんでした。

模範学生の期間が終わる時に、やっと終わったと思いました。結果は本当に悲惨なもので、不用意にこの子たちを傷つけてしまったと、内心どうすれば良いのか分からなくなっていました。今後自分のような未熟者は教育に関わらない方が良いと思っていました。

恨まれて終わりかなと思った時に、ある後輩が言ってくれたんです。「**私のようになりたい**」と。

とても嬉しかったのを覚えています。私は勉強も運動も訓練も、何をとっても一番がありませんでした。ずっと一番になりたくて、一番じゃない自分に価値が見出せなかったのです。そんな自分の価値を後輩たちが見出してくれました。

一番にしか価値を見出せないのは自分自身の物事のとらえ方でしかなかったのです。たとえ未熟なままその場に立ったとしても、別の誰かにとっては、とても価値のある存在に見えるのです。

この過去の経験から今は人とより多く関わりたいと思っています。自分の改善点がより良く見えるのです。関わるたびに、挑戦のたびに、失敗の数だけ別の誰かの役に立てると思えるようになりました。

あなたも自分の中に一つの価値観しか持っていないといったことはないでしょうか？　**一つの価値観でしか自分自身の価値を決められないと、私のように狭い世界で生きていくことになってしまう**のです。

ただその気持ちは本当によく分かります。自分の世界に閉じこもっていたばかりの頃にはこんな考えは浮かばなかったのです。余裕がある、なんて感覚は夢のまた夢のような気がしていました。

はじめて教育側の現場に立って、模範学生という立場になって、そして正直な後輩たちの気持ちを聞くことによって自分自身の改善点というものが分かるようになったのです。

革命家であるチェ・ゲバラは次の言葉を残しています。

「人間はダイヤモンドだ。ダイヤモンドを磨くことができるのはダイヤモンドしかない。人間を磨くにも人間とコミュニケーションをとるしかないんだよ」（宮永千恵『空を見上げて大切なことに気づく100の言葉』かんき出版）

大事なのは何かを覚えてどうする、のような付属させる、追加させるということではないのです。つい、新しいことができるようにならなければいけない時には、能力を自分に増やさなければいけないと考えてしまいがちです。でも、そんなことはないのです。

コミュニケーションをさまざまな人たちととることによって、もともと**あなたの中にあるダイヤモンドのような大切なものを掘り起こしていくことが本当は重要なこと**なのです。あなたに大切なものはすでに内在しているんです。そのことをもう一度思い出してみましょう。

そして、あなたがほかの人とのコミュニケーションをとってくれるおかげでその誰かも**あなたと同じように磨き上げられていく**のです。たとえ失敗しても、活模範ではないにしろ反面教師としてほかの人の役に立つことができるのです。ほかの誰かの成長に寄与できるならそれはそれで良いとも思えないでしょうか？

そして人との交わりがあなたを磨き上げてきた時、あなたにはこの言葉がとても似合うようになると思います。

第3陸曹教育隊こと通称「山走狂」にはこんな言葉があります。

「俺に続け　俺を見よ」

きっとあなたもこのように力強い人になることができます。まずは肩の力を抜いて無理せずにコミュニケーションをしてみましょう。人との関わりがあなたの世界をダイヤモンドのように輝きのあるものにしてくれます。

「放射線陸曹」
時間軸で物事をとらえれば今やるべきことが分かり迷わない

高射特科から衛生課に職種変換したのち、私は放射線陸曹として陸上自衛隊中央病院へと配属になりました。

放射線陸曹とは

① 病院勤務において放射線検査業務を行う
② 学生に対して放射線における教育を行う
③ 学会発表などの研究を行う

ことを任務としており、病院では一般的な診療放射線技師と同じ業務を行います。

診療放射線技師とはレントゲンやマンモグラフィー、ＣＴ検査、核医学検査、がんの3大治療である放射線治療など、放射線を用いた検査や画像診断の補助、治療に携わる医療従事者です。ＭＲＩや超音波検査など放射線を使わない検査も担当します。『ラジエーションハウス』（横幕智裕・原作　モリタイシ・作画　集英社）という漫画もあり、ドラマ化されている職業でもあります。

放射線とは簡単に言うと、Ｘ線やガンマ線などの光子やあらゆる物質を構成している電子や陽子、中性子のことを指します。

検査に用いる放射線は目に見えません。私の仕事は「**目に見えないもので体の中の目に見えない場所の画を作ること**」でした。レントゲンでは骨のヒビがよく見え、ＣＴでは頭部の出血部位がよく見えました。アンギオグラフィという血管やさまざまな体の部位を撮影する検査では心臓の梗塞した血管の部位がよく見えました。

私の悪い癖で、見えないものなんてないんだと思ってしまっていた時期がありました。体は原子からできている、それですべてを分かった気になっていました。

良い放射線技師ほどよく言います。患者様の心をよく見ろと。**心というものはホルモンバランス、その原子の組み合わせで発生しているものではないと。脳の電気信号で心ができているのではないのだと。心は物質ではないのだと。**

非科学的でよく分からないことを言っていると思われるかもしれません。でも心はレントゲンでもＣＴでもＭＲＩでもほかの検査でもどうやっても画にする方法を私は知ることができなかったんです。

私もつい気が付かないうちに、見えないもので見たい画をつくり出すばかりに、一番見なければいけないものを見なくなってしまうことがありました。

私は大事な「**人の心**」**を見ようとしなくなっていた**時がありました。病院の撮影業務というのはとても忙しく、ついその「撮影」をこなすことだけに注力してしまうことがあります。ただそれではいけないのです。

撮影を円滑にするためには心を同時に見てあげないといけません。患者様は体の痛みと同様に心も傷だらけなのです。心に寄り添いながら検査を行うことで良い画が撮れるのです。

心には骨折のようにヒビが入るのです。心も体のように出血し、心も血管のように梗塞を起こしているのです。

私は本当にたくさん勉強をしました。ありとあらゆる人体の部位の解剖図を描きました。人体のさまざまな画像を見ました。物理学、化学、数学さまざまな学問を履修しました。そして亡くなられた患者様から実際の肉体をこの目で見せていただきました。

私は人を見ればその骨格がどうなっているのか、その臓器の位置がどうなっているのか、血管の走行、筋肉の配置、人体の構造がだいたい分かるようになりました。

ただ注意しなければならないのです。体の部位はいつでも見えますが**いつの間にか「心は見えなくなってしまう時」**があります。

高射特科の時代にはシミュレーターで音速を超える航空機をとらえることができました。放射線陸曹になって光子で人体のあらゆる箇所をとらえることができるようになりました。そして患者様を通じて最も重様な心をとらえることの重要性を知りました。

心を正確にとらえることができればすべてのことがよく見えるようになるのです。

この世界のすべての行動は心がスタートになっているんです。**心が体を通じてこの世界という絵をつくり出している**のです。

人の心を理解したい時は自分の心で相手の今この瞬間の心の動きにフォーカスすることによってその心が見えるようになります。

自分が相手であったならばと思う心によって、はじめてスタートの今やるべきことが分かり次にどうすれば良いのかが分かるのです。

第二次世界大戦で偵察機パイロットとしてその消息を絶ったサン＝テグジュペリは『星の王子様』（新潮社）でこう書いています。

「じゃあ秘密を教えるよ。とてもかんたんなことだ。ものごとはね、心で見なくてはよく見えない。いちばんたいせつなことは、目に見えない」

この言葉はとても重要なんです。

心をどうやって見ればいいのかをもう一度確認してみましょう。過去に学んだことだけが基準になるのではなく、後に控えている未来がすべてなのではなく、**今この瞬間にフォーカスを当てることでのみ心は見える**のです。未来や過去に囚われてしまうと今の大切な部分を見逃してしまいます。

人は時として自分自身の心さえ見えなくなります。明日やるべきこと、これからやらなくてはいけないこと、はたまた過去の経験、苦い思い出など自分を迷わせるものがたくさんあります。

一度深呼吸をして一番大事なあなたの心に注目してみましょう。そうすればあなたは今やるべきことが分かるようになります。

今やるべき本当に大切なことを見ることによって、迷いがなくなりそこがスタートとなるのです。あらゆる時間軸における今を、その心を正確にとらえることがとても大事になります。

「いちばんたいせつなことは、目に見えない」忘れかけた時は今一度思い出してみましょう。

「レンジャー隊員」
プラス思考を意識すると物事は表裏一体ということが分かる

自衛隊で「メンタルが強靭」と言われる人たちに、レンジャー隊員がいます。レンジャー隊員が何なのかと言うと、少人数での破壊行動、後方撹乱などをあらゆる気象条件、悪条件を克服して遂行する特技保有者です。

レンジャー訓練は苛烈を極めます。飲まず、食わず、寝ずは当たり前。任務遂行のための装備重量は40キロを軽く超えます。意識が朦朧とする極限状態で与えられた任務を遂行する、まさに過酷な訓練です。

そんな彼らにはある共通点があります。それは「**性質を見抜くこと**」です。

自衛官にとって戦う場所の性質を見抜くことはとても重要なファクターになります。

崖や山岳地ではない平坦な地形では、あらゆる障害物がなく防御には不利ですが、移動は迅速に行えることや、夜間に行動するといった別のことと組み合わせればマイナスの要素も相殺することができます。

私が何を言いたいのか。先に答えを伝えておきます。

メンタルが強いと言われている人たちが行っていることとは、物事を見たり聞いたりした時に**「プラスの面をきちんと抽出している」**ということなのです。

あらゆる物事は表裏一体であり、その性質をいかに見抜けるか、そしてそれを正しい思考で紐解けるかがカギになっているのです。ポジティブな面にも、逆にネガティブな面にもデメリットとメリットがあると言えるでしょう。

例えば電車通勤であれば、自動車通勤に比べてコストが低く、駐車場に車を置かなくて良いといったことが挙げられます。逆に、自動車通勤であれば、最初の初期コストが高くかかる代わりに、一人で悠々自適に好きな時間に通勤できるといったことがメリットに挙げられます。

人の性格も同じと言えるのではないでしょうか？

「非常に活発でうるさくて落ち着きがまるでない」というのは一見マイナスに見えます。しかしプラスの面としては、太陽のような存在で誰しもが落ち込んでしまうような時でもみんなを明るく元気にして前向きにできる人と言えませんか？

次に「主体性がなくて何を伝えたいのかよく分からない人」はどうでしょうか？

おおらかな性格で、みんなのどんな意見にも理解を示してくれる人や寛容で器が大きい人などと言い方を変えることができると思いませんか？

このように物事に対しては、**一見デメリットと思えるようなことでもメリットに思えるようなこと**もあります。そして**それを見極めるのは誰かというとほかの誰でもない、あなたの見方次第**なんです。

他人がどうこうというよりは、**自分の見方を変えてみるのが１番**なのです。心が病んでいる時はマイナス面ばかりに目を向けがちだと思います。もしもマイナス面しか見えなくなってきたら、このマイナスの面をどうにかしてプラスに使うことはできないのかなと考えてみると良いでしょう。

本当にマイナスの面しかないことは存在しないのです。すべてはあなたの見方次第。一度この考えを持ってみましょう。そうすればあなたの世界が広がっていきます。これが真に理解できた時、あなたはありとあらゆるものからプラスを見出せるようになります。

そうなれば後は、ピンチはチャンスになり、逆境は順境になり、危機は好機になり、人生はあなたの思い通りになるのです。

「整備」

機械的にとらえることでむやみに悩まず簡単に納得できる

あなたはいろいろなことを言われた時にどのようにして受け止めていますか？　ここで言ういろいろとは、あなたを傷つけてきた言葉です。罵声、罵詈雑言、悪口、傷つける言葉にもいろいろなものがありますよね。

また、相手は大したことがないと思っているのに対して、自分は深く傷つくようなことが多々あると思います。そして言葉だけではなく、相手の「仕草」「目線」「表情」、さまざまなもので、心が傷つくと思います。

「あなたってほんとバカだよね。アホすぎて話にならない。なんでこんなこともできないの？」なんて言われたことがありますか？

言葉のナイフなんて言われ方もしますが、私にとっては言葉の「銃弾」のように感じられることがあります。**はっきり言ってこんな発言をする人の言葉を真に受けてはいけません。**ただ、存在している限りは対策をしていかなくてはなりません。

そんな「銃弾」を生身のあなたがそのまま受けてしまったらどうなるのか？　容易に壊れてしまうことが想像できると思います。そこであなたの心を守るためには機械的に、システマチックに物事をとらえてみるのも良いかもしれません。

自衛隊にはさまざまな装備があります。戦車・ヘリコプター・ミサイル・装甲車・トラック・バイク・無線機・レーダー・小銃・無反動砲など挙げだしたらキリがありません。中でも私は戦車に乗っていたので、その装甲が自分の命を守ってくれる安心感というのはとても心強く感じることが分かっています。なのであなたも自分の心に戦車のような防御を張るという目線でお話ししていこうと思います。

まず、どうしてあなたは人から言葉の銃弾を受けた時に悩んでしまうのでしょうか？

例えば、あなたはバカと言われた時に、「あ、私ってバカなんだ……」とダイレクトに受け取っていると思います。（本当は人にバカだのアホだの、悪口を言う人間の言うことなんて聞かなくて良いのですが、とりあえずこのまま進めます）

あなたはこの時、私ってバカでダメだなあとマイナスの思考を連鎖させてしまっているのです。

バカという1発目の言葉の弾丸に対して、あなたは「私ってバカなんだなあ。いつも人に対して暗いからかな？　あの時にきちんと挨拶できなかったからかな？」とどんどんそのバカという「1発目の弾丸」に続き、2発目、3発目の弾丸を作って自分のことを自分で傷つけてしまうのです。

あなたを苦しめているのは実は1発目の言葉の弾丸と併せて、2発、3発目と自分で撃ってしまっている弾丸ということもあります。まずはその2発目、3発目の弾丸を自分に撃ち込まないようにする。こういう思考に陥ってしまっていることを認識してみましょう。

そして1発目のバカという言葉に対して防御を貼るために必要なのは、ある程度決まった思考回路を準備しておくことです。バカと言われたら、**私ってバカなんだではなく「私はバカじゃない」と心の中で瞬時に返す「回路」を作ってやればいい**のです。あなたが傷つく必要はありません。

こうして機械的に反射的に答えを生み出していくのも一つの手です。人にバカなんて言う方がバカですので、あなたが相手のことを気にする必要はありません。**自分が傷つく原因というのは、人から言われたことを繰り返してしまって、自分の中にどんどんその言葉が広がっていってしまうから**なのです。

なので、もしもあなたが言葉の弾丸を浴びた時には、それは「あんたの意見でしょ」と跳ね返すような機械的な回答を身に付けてしまえば良いのです。

普段からあなたは頑張りすぎなのかもしれません。まじめで優しい人というのはどこでも標的にされやすいです。
そして暴言を普段から言われる立場にある場合には、まず近くの人に相談してみましょう。歯に衣着せぬ物言いをする人も中にはいるので、そういう人からは離れるのが1番です。自分の中で機械的な自動反撃の回路を構築して言葉の弾丸に対する装甲を身に着けましょう。

そしてその防御策で、相手の言葉を跳ね返す、そして自分で2発目、3発目の弾丸を作って自分を撃たないようにしてみましょう。そうすれば、**心は言葉の弾丸に対する装甲も手に入れて実は「攻撃」のための手段まで手に入る**ようになるのです。そうすれば生きるのが自然に楽になっていきます。

あなたは自分のことをわざわざ悪く言う必要はないです。ここまできちんと私の話を読んでくれているんですからとても賢いです。
まずは自分で自分を傷つけることを減らしてみましょう。そうすることで少しずつ楽になっていきます。

第4章

1人でうまくいかない時は
組織や仲間の影響で
自身のメンタルを育てる

「銃剣道」
一つの技をみんなで真似する一体感がメンタルに好影響

自衛隊では銃剣道というものを習い、私も高校時代からやっています。
銃剣道のルールは、お互いに向かい合い、木銃で相手よりも早く左胸・のどを正しい姿勢で突いて勝敗を競います。

銃剣道はとても面白い武道です。剣道であれば面・胴・小手・突きと攻撃のバリエーションが多彩ですが、銃剣道の攻撃手段はたった一つ「突き」のみです。**数ある攻撃手段の中から一つ「を」選ぶのではなく、存在するたった一つの攻撃手段「のみ」**徹底的に磨くのです。そして高校時代にはじめて銃剣道という武道に触れ、銃剣道大会というものが開催されるまでに徹底して教えられる技があります。

それは「初一本」です。初一本とは、はじめ！　という号令と同時に全速力で相手に突進して突くといった最もシンプルな技です。

技の中には相手の突きを払ってその突きを返す払い技などもありますが、高校時代には大会までの錬成時間がとても短く習得は難しいものになっています。そこで最もシンプルで有効的な初一本を何度も磨くのです。

唯一ある攻撃手段の中から、その中でも最もシンプルな技のみを徹底的に磨き上げる。たった一つの技だけを磨くと何が起きるのか？　これによって迷いがなくなるのです。満足に使える技はほとんど全員一つしかない、とにかく打ち込みます。一つの技なんかで活躍できるのかと思いますが、それができるだけで十分活躍できるのです。

防いでもダメ食らってもダメ、**極められたたった一つの技がその局面におけるありとあらゆる行動を制限し、相手のすべての主導権を握れるようになる**のです。

そして、この一つの技をみんなで練習している時は心がシンクロしているような感覚になりとてもメンタルに好影響でした。

一つできるということはとてつもない力を秘めているのです。そしてどんなに小さな一歩でもコツコツやっていくととんでもないことが起きるんです。「雨だれ石を穿つ」なんて言葉もある通り、小さな一歩を繰り返していくことによって大きな結果を生み出すようになるんです。

今日一日を昨日の1％でも成長できれば一年後には何倍にも成長できているんです。

日々のあなたをつくり出すのは毎日の積み重ねなのです。

でもいったい何からしたらいいか分からない！　いったいどうすればいいの？　と思いませんか？　一緒にやる人もそもそもいないんです……とも考えていませんか？

あなたは自分を変えようとしても何から手を出したら良いのか分からないでしょう。

そんな時は**周りの人からなんでも良いので一つだけ、たった一つだけでも良いので真似してみるのが良い**かもしれません。そしてそのたった一つのことを極限まで磨いてみましょう。その時にその真似した人との一体感が生まれるはずです。

例えば

・挨拶の仕方を真似してみる
・エレベーターではなく階段で移動してみる
・メモの取り方を真似してみる

一つのことを焦らずに少しずつ真似してみましょう。一つできることが増えるだけで自分の中の自信も少しずつ育まれていきます。いつの間にか自分が思っている以上の成果につながりあなたは驚くでしょう。

そして一つできてしまえばその次にやりたいこともどんどん増えてきてあなたの生活がより彩られていきます。まずは一つ、周りの人から真似したいなと思うことを見つけてみましょう。

「持続走競技会」チームで勝ち癖をつけることが挑戦できる心を育てる

自衛隊では持続走競技会というものがあります。持続走競技会とはいわゆるマラソンの競技会であり、行っていない部隊がないくらいメジャーな競技会です。

挑戦できる心を育てるには勝ち癖を付けることが何よりも重要です。そしてチームで戦うことによって、自分一人ではくじけてしまうような場面でも力を振り絞ることができます。

みんなで頑張ることにより、**自分の限界を超えて「フロー」と呼ばれる極度の集中状態に入ることも可能**です。フローとはトップアスリートが「ゾーンに入る」と呼ばれるものと同様で、集中して今打ち込んでいるもの以外が見えなくなる極度の集中状態のことを指します。例えば周りの景色や音など、ありとあらゆる無駄なものを消し去ることができます。

そして、あなたは成功するには努力が不可欠だと思いますか？　もちろん私も努力はするべきだと思います。ただ、一つお伝えしておきたいです。「**無駄な努力は実はなんにも必要ない**」ということをです。

現代ではすぐに思考停止したように努力、努力と言葉を聞きますが、努力に必要な要素を教えられている人はなかなか目にしません。その必要な要素とは「**場所と、チームと、そこにいる人**」**という3つの要素**を押さえることです。

マラソンで好タイムを出したい時に将棋サークルに入る人がいるでしょうか？　変なことを言っていると思われるかもしれませんが、意外とこの罠にはまっている人が多いのです。

あわせて、きちんとした場所に自分を位置付けられてもチームやそこにいる人が教育熱心でなければその場所も意味をなさなくなってしまうのです。

自衛隊という組織も飛行機を撃ち落とす部隊や戦車を操る部隊など、それぞれがそれぞれに特化した場所と人とチームを形成しているのです。結果を出すには努力を行う前に、まず正しい場所で自分が達成したい目標を達成している人やチームと一緒にいることの方がとても重要なのです。

一人で頑張るには難しい場面も多々あると思います。**自分がぐんぐんと自然に成長する場所に身を置いておけば、楽しく苦労なく成長し求める成績を、勝ち癖をつけることができる**ようになります。

そしてやる気になるシチュエーションというのも人によってさまざまです。私がやる気になるシチュエーションは①大切な人が応援してくれている時②気分が明るく前向きな時③試合の結果が接戦状態で自分の勝ち負けがチーム全体の勝敗を左右する時、がありますがこれは人によってさまざまでしょう。

いろいろな人からの声援がない方がいい人もいれば、気分が少し落ち着いている時や、チームに余裕がある方がやる気になるといった人もいます。

自分のやる気になるシチュエーションが分からなくても安心してください。実は答えはすぐ近くにあるものなのです。

あなたの過去にフォーカスを当ててみましょう。**学生時代のアルバムや携帯のカレンダーを振り返ってみるというのが良い方法**なのです。

「この時はやる気もパワーもすごかったな」「もう一度この時のように頑張りたいな」「あの時の感動をもう一度したいな」そう思える時の環境や人間関係を洗い出してみると自分のやる気になるシチュエーションを見つけることができます。

やる気になるシチュエーション、良好な人間関係、正しい場所、そして自分の限界を超えさせてくれる仲間の存在が勝ち癖につながり、あなたの挑戦する心を育むのです。

「台風」

「どんな災難も仲間がいれば乗り越えられる」が心の安定を育む

自衛隊では晴れた日にも「台風」がやってきます。この台風がなんなのかというと、先輩や上官が自分たちがいない間に部屋をめちゃくちゃにして出ていくといった自衛隊名物の行事です。

自衛隊では規律の厳守が徹底されます。ベッドメイキングや貴重品の施錠、整理整頓がきちんとできていないとたるんでいるとありとあらゆるものを荒らされます。部屋にベッドが山のように積まれていたり、自分たちの制服で人形が作られていたりと、部屋の復旧に何時間もかかる厄介なものです。

大変な思い出ですが、その当時はあまりつらくありませんでした。それはなぜか？

同じ思いをしている仲間がいたからです。

私も含めてろくでもない腐れ縁のような仲間ばかりですが、やっぱり「一人じゃない」から乗り越えられたんです。こいつらとなら地獄でも悪くないと思える仲間がいました。

私はもともと複数人でつるむのは不得意な方でした。はっきり言って面倒くさい。でもその考えはもうありません。今もたくさんの仲間がいるからどんなところにも立っていられるようになりました。

「自分を取り戻せる居場所を作りましょう」といろいろな本に書いてありませんか？　もちろん一時的に誰もいないところで一人きりになるというのはとても重要なことだと思います。

ただ**本当の自分の居場所というものは、決してあらゆる人間関係から距離を置いて、物質的な場所で一人になるところを作るのではない**のです。

一人で距離を置いて仲間を作るのをやめてしまった場合、あなたは最悪な災難が来た時に常に一人で立ち向かう羽目になるのです。それでは根本の解決にはなりません。

本当の居場所とはあなたが仲間の心の内に自分の居場所を作ることによって、はじめてあなたにとって安全な場所が形成されるのです。

一人を大事にする「孤独」な状態があるとは思います。もちろん私は「孤独」を愛してもいいと思っています。ただ**何があろうと「孤立」はしてはいけない**のです。孤独や孤立という言葉はいろいろな使い方をされていますが、ここでは「孤独」とはあらゆる集団の中に所属することが可能な人間があえて一人になることを選択している状態とし、「孤立」とは本人が望まない状態で強制的に一人を選択されている状態のこととします。

人が孤立する原因はさまざまあるでしょう。コミュニケーションが苦手だったり、優秀すぎて嫉妬されたり、パワハラを受けたり、いじめられたり、はっきり言ってパワハラやいじめなどをする側の方が心を病んでいるので気にして欲しくはないのですが、意図せず人は「孤立」してしまうものなのです。

私は**世界で最も不幸な状態をこの「孤立」した状態**だと思っています。

あなたは今「孤立」していますか？　日本の若者がどれだけ孤立しているのかというのを知っていますか？

内閣府が7か国の13歳から29歳の人を対象に、２０１８年に実施した『我が国と諸外国における若者の意識にかかわる調査』では、相談相手のいない人の比率としてスウェーデン6・9％、アメリカ7・5％、ドイツ8・8％、イギリス8・9％、フランス10・8％、韓国12・2％時て日本は19・9％と実に五人に一人の若者が孤立しているのです。

誰にも相談ができない、誰も助けてくれない、そんな状態で心の安定が作れるわけがないでしょう。一人でいるように見えて周りからメンタルが強いと思われる人間は、実際は自分が何かあった時に相談できる、助けてくれる仲間がいる「孤立」していない人なのです。

では仲間を作りましょう！　と言っても自分が望まずに「孤立」してしまったのにいったい何をすれば良いのかが分かりませんよね？

しかもあなたはこうも思っていませんか？「私なんかがほかの人に関わって迷惑にならないかな、必要とされてないんじゃないかな？　そこにいていいのかな？」と。

あなたは誰と関わってもいいですしどこにいてもいいんです。**決して迷惑なんかじゃないですし必要とされている**のです。

あなたは「社会的処方」という言葉をご存知でしょうか？

『社会的処方』（西智弘　学芸出版社）によると「**『社会的処方』とは薬を処方することで、患者さんの問題を解決するのではなく『地域とのつながり』を処方することで、問題を解決するというもの**」とあります。

もっと簡単に言いましょう。**あなたがそこに「存在」して「孤立」した人の話を聞いてあげるだけでも誰かの「薬」になる**ということなのです。あなたはただそこに存在しているだけでこの地球でひとりぼっちという最悪とも言える「孤立」という人生を蝕む毒の「特効薬」になるのです。

あなたには分かるでしょう。「孤立」がどれほどつらいものなのかを。日本は「孤立」であふれかえっているのです。「孤立」している人がいたらそばにいてあげるだけでも良いのです。

私の好きな歌にCeltic Womanがカバーした『You Raise Me Up』という歌があります。

その中にはこんな歌詞があります。

わたしが落ち込んで疲れ果てたとき
困難に見舞われて心が苦しいとき
わたしは立ち止まり、ここで静かに待つ
あなたがわたしのそばに来てくれるまで
あなたがいてくれるから、山の頂にだって立てる
あなたがいてくれるから、嵐の海だって進んでいける
あなたがいてくれるから、わたしは強くなれる
あなたがいてくれるから、わたしはもっと頑張れる

あなたの存在すべてが途方もない価値があることをもう一度認識しましょう。あなたがいてくれるから、救われる人がいるのです。

「指導」
仲間にうそをつくことほどメンタルを下げるものはない

あなたはうそをつくな！　と言われたことはありませんか？　自衛隊時代、私もよく言われてきました。

自衛隊では組織を維持するための厳正なルールである「規律」というものがあります。厳正なルールがあるからこそ難しい任務も一致団結してこなせるようになるのです。自衛隊にとって非常に大事な〝ルール〟が守れないと、「指導」という恐ろしい時間がやってきます。

「ルールが守れなければおとなしく指導を受けろ！」と思われる方もいるでしょう。もちろん分かってはいますが、怖いものからは逃げたくなりませんか？

うそをつくとどうなってしまうのでしょうか？　私の失敗をお話ししますと、自衛隊高校時代、私は洗濯機に靴下を残したまま消灯時間を過ぎてしまいました。公共場所に私物を置き忘れるのはご法度です。先輩にばれて犯人探しがはじまりました。

しかし私は指導が怖く「私ではありません」とうそをついてしまいました。結果は連帯責任。一人で済んでいたかもしれない指導の範囲が仲間にまで及んでしまいました。結果、仲間に芽生えたのは人間不信の気持ちです。全員が全員を疑っている環境ではメンタルどころの話ではありません。

これが**最もやってはいけない「自己保身のために仲間を犠牲にしたうそをつく」ということ**です。「自己保身」に走ると仲間の信用を失い、自分自身の成長に必要不可欠である組織や仲間の効果を十二分に活用できなくなってしまうということが分かっていただけると思います。

そして「自己保身」に走ったところで現状は悪化するばかりです。24時間生活を共にし、一致団結しなければならない組織で常に仲間同士が疑い合うストレスは想像以上に身に堪え、うそをつく前より余計につらい思いをします。このように組織内の雰囲気が悪化した状態では、不必要なストレスが自分にかかり病まない自分を育てる以前の話になってしまいます。

あなたは私のような失敗をして欲しくありません。そして私はここから変わりました。私の所属していた衛生科にはこんな言葉があります。「骨肉の至情」と「挺身奉仕」です。

「骨肉の至情」とは相手に肉親のごとく深い心で接すること。
「挺身奉仕」とは自分の身をなげうってでも相手のために尽くすこと。
あなたが周りの人に肉親のごとく深い真心をもって、自分自身の全身全霊をもって、自己保身のうそをつかず誠心誠意尽くせば、周りもあなたに対して「骨肉の至情」と「挺身奉仕」をもって応えてくれます。

そしてよく誤解されることですが、あなた自身の身を削って、自己犠牲のもとに他者に尽くせと言っているのではありません。

あなただけやある特定の人の犠牲の上に成り立つ幸せ、そんなつらいことは本当のあるべき姿ではありません。

本当のあるべき奉仕の姿とは、**「犠牲なき献身こそ真の奉仕」**なのです。これは、クリミア戦争で活躍した近代看護教育の母であるナイチンゲールの言葉です。

あなた一人もしくはある一つの組織の自己犠牲のもとに成り立つ奉仕など、決して長続きはしないのです。あなたはきっと頑張り屋さんなので、自分の犠牲のもとに人に尽くしてしまうことがあるでしょう。ただ、仲間を困らせるうそをつくのもダメですが**「自分を大切にしない」というのも決してついてはいけないうそ**なのです。

それでもうそをついてしまった時はきちんと謝ればいいのです。「過ちを改めざるこれを過ちという」と孔子は言いました。

人は意図せずしてうそをついてしまうことがしばしばあります。間違えてしまったと気付いた時に「あの時はごめんね！」としっかりと反省して相手に伝えればそれで良いのです。

あわせて、なんでも正直に話せることばかりではないでしょう。そんな時は、「今は気持ちの整理がつかなくて話せないんだけど、気持ちが落ち着いたら話すね」や「この内容を話すと自分が傷つくから、少し時間をくれないかな？」などと言い、内容を話さないまでも自分の気持ちを仲間にしっかりと伝えれば良いのです。

そして、「**仲間を守るためのうそならついてもいい**」のです。例えば、あなたがブラックコーヒーを飲みたかったとしましょう。あなたの仲間が間違えてあなたのコーヒーに砂糖を入れてしまったとします。そんな時は「今日は砂糖入りが飲みたかったんだ、ありがとう！」と言ってあげましょう。そのうそをあなたが本当にしてしまえばそれで済むことです。

自分も助ける、仲間も助ける、両方やるのはなかなか大変ですが、あなたはこの考えを持つと楽になれると思います。

正直でありましょう。そうすれば怖いことから逃げたいということもなくなり、むしろ仲間が進んであなたのことを助けてくれるようになります。あなたの心もぐんぐんと逞しくなっていきます。

自分にも仲間にも「うそをつかず」正直な気持ちで毎日を過ごしてみてください。必ず効果が出始めます。

「バディ」一蓮托生の絆が自己肯定につながる

自己肯定感という言葉があります。よく自己肯定感が高いや低いなんて言われたりしますよね。かくいう私も中学生までは自己肯定感が低い一人でした。

さまざまな定義がありますので、ここでは「**自己の存在を自分自身で存在しても良いのだという感覚**」としておきましょう。

自己肯定感を高める最初の一歩として絆を作るというものが良いかもしれません。自己の存在というのは他者の存在によって認識することがとても容易になります。他者の役に立っていることによって自分の存在意義を確認できるのです。それによって自分の存在を再確認し自己肯定感につながるのです。

自衛隊にはバディという制度があります。仲間の大切さを教えるために、あらゆる生活や訓練の時に二人一組で行動させる時があります。「バディ」自衛官であれば聞きなれた言葉です。そして特別な存在です。

ただバディにもさまざまな関係があります。バディとは名ばかりの弱い関係、友人のような関係、ギブアンドテイクの関係、一方的な関係、そして鋼のように強い関係。

あなたにも人とのいろいろな関係があるのではないでしょうか？　友達の関係、上司部下の関係、恋人の関係、夫婦の関係、その中で関係性の強さというのはさまざまでしょう。いったい何がその関係性の強さを決定するのでしょうか？

それは「**ルールを自覚しているかどうか**」です。そして私がはじめてルールと言えるもので自覚させられたのは次のものでした。

自衛官が誓う服務の宣誓の一部に「身をもって責務の完遂に努め、持って国民の負託にこたえることを誓います」という一文があります。どういう意味なのか？　それは「**命をかけて人を守れ**」ということです。

はじめは、それは組織によるルールで自分のルールではないものでした。しかし、その意味を理解し自らがそのルールのために生きると決めた瞬間、そのルールが自分の生きる意味になります。ルールがあることで自分が持っている「力の方向性」が自然と決まるのです。たった一つのシンプルなルールを、自らの生きる指針とした人を「自律した人」と言うのです。

自律と自立は違います。**自立とは自分だけで生計を立てる経済的な自立のことを指し、自律とは自らの決めたルールに従うこと**を指します。

そして自律した二人のルールが重なり合った瞬間、それは一蓮托生の絆となり、確立した自己は「確信」に変わるのです。

人は自らがこのように生きると決めた時にはじめて自己が「確立」するのです。自己肯定を高めて自己をしっかりと確立するために必要なのは「**自分自身がどう生きていくのかルールを決めてみる**」というのが実は一番大事なことなのです。

そして注意しなければいけないこともあります。**自己に設定したルールというものは時折自分の呪いとも言えるルールになる**こともあります。自分で設定したルールが自分のものであると言えず、集団による意志にただ流されてしまいやりたくないことまでやってしまうという注意点もあります。

時折、あらゆる苦難や逆境を乗り越えた仲間というのはとてつもない絆が生まれることがあります。その強すぎる絆によって自己の良識を超える範疇の行いを仲間のためには仕方がないと行ってしまうこともままあるのです。

自身の倫理観を、仲間の期待を裏切ってしまうのではないかという気持ちが上回ってしまうことがあるのです。それは確立した自己とは言えないでしょう。

もしあなたがこのように自己のルールでなく集団のルールの言いなりになってしまっている時には、今一度そのルールについて考えてみた方が良いかもしれません。**絆を大事にしつつも自己の定めたルール、自分の価値観を確立していかなくてはならない**のです。

そして自分のルールを確立している人が陥りやすいこともあります。それは、**ほかのルールとも言える価値観を否定してしまうということ**です。**あらゆるルールには優劣というものはない**のです。**自分のルールを押し付けずまたほかのルールも否定しないというのが重要**なのです。それについては理解しなくてはいけないですし尊重しなくてはならないのです。

これが理解できた時、他者の存在なくしても自己というもの、自己肯定感に振り回されずあなたはあなた自身を確立することができるようになるでしょう。

小説家パール・バックは次のように言葉にしています。

「自分が無力だと考えない限り人はだれでも無力ではない」自分が無力だなんて思

わずに、ただ力があるんだぞと思ってみるだけでもいいのです。

また、全米一のマネー・コーチ、ハーブ・エッカーは次のように言葉にしています。

「あなたの価値を決めるのは、ほかの誰でもないあなた自身だ。
あなたの考え方ひとつで、自分の価値は決まる。
あなたが価値があると言えばあるし、ないと言えばない。
あなたは、そのどちらかを選んで、
それに合った人生を歩んでいくことになる」

大事なことはルールには制約がないということ。ありとあらゆるルールがあるということを認識し自分が最も良いと思うルールを自分自身で自由に選択することができるようになっていけばあなたは自己肯定感に悩まされることなく自己は確立したものになっていくのです。

「訓練打ち上げ」ご褒美でモチベーションを維持し心身を回復させる

あなたは自分にご褒美をあげていますか？　それとも、そもそも自分へのご褒美に何をすればいいか分からなかったりするでしょうか？

行進訓練で歩いたり、夏に富士山近くの演習場で訓練したり、冬の北海道の山中で訓練したりと、自衛隊ではさまざまな訓練をしますが、はっきり言ってきついことばかりです。

ただ、そんな訓練の後は必ずと言っていいほどあることをします。それは「打ち上げ」です。自衛隊高校時代からそうでしたが、きついことの後にお菓子やジュースなどを楽しんだり、成人してからは集まって飲み会をしたりなどと、何かしらの気持ちを発散できるようなご褒美があると心が楽になります。

ご褒美があることによって目の前の苦痛も「なんとか耐えてみようかな」と思える時もあると思います。考えてみてください。もしあなたが自衛官で、訓練をしてその後にご褒美も何もなし、終わったらまた次の訓練なんてことになったらどうなるのかを。すぐくじけてしまうのが容易に分かっていただけると思います。

このように自衛官に例えると分かりやすいのですが、今のあなたで考えるとどうでしょうか？　現在のあなたは自分にご褒美をあげてないのではないでしょうか？

朝早起きして、電車に揺られて、もしくは通勤で嫌な思いをしながら、業務に追われて、気の合わない人にいろいろ言われて、業務は定刻通りに終わらなくて、家に帰ったらご飯を食べてお風呂に入って寝るだけ。こうやって振り返っていただければ分かると思うのですが、実は全然自分にご褒美をあげてなかったなあと思いませんか？

訓練の例ではご褒美をあげなきゃと感じていただけたと思いますが、実際の場合にはそれを忘れてしまうのです。それでは心身は病んでいくばかりになってしまいます。

私は根が面倒くさがりで、頑張るのが苦手です。そしてずっと前から思っていますが、現代人というのはあまりにも頑張りすぎる傾向があります。

おそらく、あなたも昔から頑張りを強要されていたのではないでしょうか？　受験や学校、習いごとなどでヘロヘロになりながら、結果を出さなければ叱責されてわけが分からなくなってしまうことがあったのではないですか？

ご飯の後にデザートを食べたり、お風呂の入浴剤を変えてみたり、寝る前にアロマを焚いてみたり、普段の行動に＋1してみるだけでも心は回復するんです。

あわせて、記念日のお祝いはしているでしょうか？　私は自衛隊高校で24時間一緒にいた仲間が大勢いました。その中では誕生日なんかは当たり前にお祝いしていたのです。いろんな日にバカ騒ぎもしていました。バレンタインデーはチョコレートの大食いをしたり、クリスマスはケーキの大食いをしたりしていました。あなたは最近どうでしょうか？　そもそもお祝いすること自体がなくなってしまいましたか？　記念日はもちろん、あなたが毎日過ごしている一日一日はすごく貴重な日なんです。もしあなたの周りに記念日の人がいたらお祝いしてあげましょう。お祝いというご褒美をあげると自分にも返ってきます。

毎日の生活でなかなか自分へのご褒美をあげる習慣はなくなってしまうのかもしれません。だからこそ、今一度自分という存在を大事にしてあげましょう。

まさに**今日という日があなたにとって「ご褒美をあげるのにうってつけの日」**なのです。自分へのご褒美をまずは今日という日にあげてみましょう。

第5章

メンタルダウンをあらかじめ防ぐ自衛隊式限界チェックリスト

「新入隊員」
ちょっとしたミスで自暴自棄になってしまう時は、
自分の責めすぎを疑う

あなたは自分を責めすぎてしまうことはないですか？

例えば人からあの本を取ってきてなどと言われた時に、いろいろとほかの用事と重なって本のことを忘れてしまって……なんてことはありませんか？

「なんて自分ってバカなんだろう」

「またやったよ、ほんと自分はダメな人間だ」

「もうなにやっているんだろう、ここにいる価値ないかも」

などと考えてしまって、自暴自棄になってしまったことってありませんか？

実は先ほどの「たとえ」と「思考」は昔の私の思考だったんです。今、客観的にあなたに読んでもらいましたが、明らかに自分のことを「責めすぎ」な気がしませんか？

あなたがあなたの感情をしっかりと理解すること、それが重要な時があるのです。あなたもちょっとしたミスで自暴自棄になってしまうという心当たりがあるでしょう。実は、**人は思っている以上に自分を責めすぎている場面がある**んです。

あなたはほかの人にしっかりとしてあげたい！　という気持ちが強いからこそ、自分に厳しくしてしまうのかもしれません。

私の場合もそうでした。自衛隊という組織は完璧を常に求められます。

完璧を求められる世界だとちょっとしたミスで仲間に迷惑がかかってしまう時があります。自分がミスをしたせいで仲間に迷惑がかかる。迷惑がかかれば連帯責任、連帯責任がなくとも自分のミスが周りに波及していろいろな人に迷惑がかかる。

そんな自分に価値なんてないんじゃないかと思ってしまう時があります。

でも、そんなことはないんです。それは自分のことを責めすぎている証拠です。もちろん無責任になってなんでも適当にやれと言うわけではありませんが、ちょっとしたミスで自暴自棄になってしまう時は自分を責めすぎと言えるでしょう。

そして、**ミスというのはとても大事なこと**なんです。

そのミスを共有することで、ほかの人のミスを事前に防ぐことができたり、後輩に対して「自分もそんなミスよくやってたよ」と言ってあげることで、後輩のメンタルケアにもつながるのです。

また、人が成長する時は失敗をしている時こそなのです。その**失敗を乗り越えるからこそ、人はどんどん成長していく**のです。

バスケットボール選手のマイケル・ジョーダンを知っていますか？　マイケル・ジョーダンは輝かしい記録を作る中で、とてもたくさんのミスをしてきました。

彼がなぜ成功したのかと質問された時に言った衝撃の言葉が次です。

「9000回以上シュートを外し、300試合の勝負に敗れ、勝敗を決める最後のシュートを任されて26回も外した。人生で何度も失敗した。それが成功の理由だ」

だからこそ、自分は成長してきたと言っているのです。とてつもない才能の塊だと言える彼の言葉とは到底思えないでしょう。しかし、まさしく事実であるのです。

ちょっとしたミスをしてしまった時は、「あ！　また自分は成長できるんだな！」と言う思考に切り替えてみましょう。そうすることによって自分を責めすぎることもなくなるでしょう。

そして、あなたのことを一番に助けてあげられるのはやっぱりあなた自身です。あなたの「思考」があなたを助けてあげられるのです。

そして、その思考を助けてあげるのはやはり「客観視」です。「メタ認知」と呼ばれていたりもします。

メタ認知というのは、今の思考をもう一人の自分で客観的に認識して、自分が今どんな風に考えているんだろうと認知することです。先ほどの「なんて自分ってバカなんだろう」「またやったよ、ほんと自分はダメな人間だ」「もうなにやっているんだろう、ここにいる価値ないかも」というのを「もう一人の自分」で見てみることがとても大事になります。

もし自分を責めすぎる思考があなたの中に生まれた場合には「もうひとりの自分」で客観的に自分の思考を眺め、責めてしまうのを「もう一人の自分」で防御しましょう。

その次は、ミスをしてしまった、なんて自分はダメなんだろうという気持ちを、失敗したからこそ今の自分は成功に近づいているんだと、一度気持ちを切り替えてみるのが良いでしょう。

あわせてあなたが気にしすぎないでこういう風に考えてみたらどうかな？　と周りの頑張り屋さんに提案してみるだけでも助かる人がいるのです。

もちろんあなた自身もメタ認知によって認識の仕方が上手になるのでぜひ活用してみましょう。

「衛生科隊員」いつもと違う！　を察知したらそう状態、うつ状態を疑う

うつの中には季節によって症状が出るという方も中にはいます。私も冬が近くなると、**うつに近い気持ち**になることがありました。毎年毎年ある決まった時期になると心の調子が悪くなるのです。

私は放射線技師として自衛隊病院で勤務していました。放射線技師は「光」を人体に当てるスペシャリスト、その視点からいろいろと考えてみたのです。ある日、やはり冬が近くなるとどんどん気持ちが下がっていき、もしかしたらこのせいでは？　とある仮説を立てました。

冬が訪れると何が少なくなるのか？　それは**一日の平均日照量、つまり太陽が出て**

いる時間です。人体は陽の光を浴びて、さらに細かく言うと皮膚に紫外線を浴びることによってビタミンDを生成するのです。

冬になると、厚手の服などを着て皮膚の露出面積が少なくなります。さらに季節の影響から太陽の光自体が少なくなっていたのです。

これによって、**体内でビタミンDが生成できなくなり「冬が近づいている」と体が錯覚を起こして動かないような冬眠状態にしていることでうつっぽくなっているのではないか？**　と考えました。

あなたが普段何気なく生活している中で、うつやさまざまな病気にかかるのは**ただ単純に体が錯覚を起こして冬眠のような状態になっている**場合があります。体が冬眠状態、いわゆる冬モードの時にうつっぽくなり動かなくなることは生存には最適であると言えるでしょう。

そしてあなたの冬モードを解除する栄養とはビタミンD、より詳しく言うのであれば「ビタミンD_3」です。ビタミンDはビタミンD_2からD_7の6種類があり、体に強い生理作用があるのは植物由来のD_2とD_3。サプリメントで手に入れやすいのはD_3であるのでD_3をおすすめします。

しかし、あらゆる本を読んでいても、ではどれくらい摂取したらいいのか、一日の明確な基準は？　など分からないことだらけではありませんか？　さらに、ビタミンDが不足するとどんな病気になるのかご存知でしょうか？　それは、

・高血圧、脳、心臓病
・がん
・メタボリック、肥満
・慢性腎臓病
・糖尿病
・自己免疫性疾患
・感染症全般

・骨粗しょう症
・関節症
・うつ、統合失調症、アルツハイマー型認知症、パーキンソン病

などです。

あなたが日々苦しむのは、日光の不足が原因、もっと詳しく言うとビタミンD_3が不足していただけということが考えられます。

そして、日光でビタミンＤを生成するのにもやはり限度があります。現代人はＵＶカットや日照量の減少、大気汚染などにより皮膚でのビタミンＤの生成が必要分に届いていないと考えられます。

ビタミンＤ血中濃度が下がると、体は冬モードになってしまうと言えるでしょう。冬になれば食料がとれなくなり、生存のためのエネルギー消費を少なくするためにはうつになって動かなくなるというのは生物として最善の答えだからでしょう。

そして、この仮説からサプリメントでのビタミンD_3を摂取することによって私はう

つ的な気持ちを改善することができました。まずは体の冬眠状態を解除するのが一番です。日光浴でのビタミンＤ生成には限度があります。そのためサプリメントで補給するのが最も簡単です。**本来であれば人によって必要な栄養というのは個人差があり自分自身の適量を自分で決めていくのが最適**ですが、ここでは平均的な食事摂取基準を紹介したいと思います。

ビタミンＤの日本人の食事摂取基準（２０２０年版）では１日の摂取の目安量が、18歳以上の男女ともに８・５μg（３４０ＩＵ／日）、耐用上限量が１００μg（４０００ＩＵ／日）と設定されています。ＩＵ（International Unit）の略で、脂溶性ビタミンに使用される単位でμgを40倍にした値になります。

ただ世界的にもビタミンＤが欠乏している人は非常に多いのです。『ビタミンＤは長寿ホルモン』（斎藤嘉美　ペガサス）によると、「トロント・マウントサイナイ病院のスコック博士らは、ビタミンＤの補充と過剰摂取に関する臨床実験において、健常な成人では１日に２５０μg（１万ＩＵ／日）摂取しても害がないことから、２５０μg

／日を上限にしてもよいとしています」とあります。

ビタミンD_3は日光の出ている時間帯に、毎日決めた時間で取るのが良いと言えるでしょう。人体はサーカディアンリズムと言う24時間周期で生活をしています。ビタミンD_3を摂取すると体は日光によってこのビタミンができたんだなと認識します。

毎日バラバラにビタミンD_3を取ると体が日光が出ている時間の錯覚を起こしてこの24時間周期が崩れてしまい、生活リズムが崩れてしまうことにもつながります。

ビタミンD_3と同時にビタミンK_2もとると骨密度が増加するのであわせて取りましょう。ビタミンKはK_1と呼ばれるブロッコリーや小松菜に多く入っているものと、ビタミンK_2と呼ばれる納豆に多く入っているものに分かれます。より効率良くビタミンKを摂取する場合には納豆などに含まれるK_2を摂取すると多くのビタミンKを体に栄養として蓄えられます。

ビタミンKは日本人の食事摂取基準（２０２０年版）では1日の摂取の目安量が、

１８歳以上の男女ともに１５０μg／日（６０００ＩＵ／日）と設定されています。

ただし、慢性腎不全や、現在医師の投薬などを受けている方は担当医師の指示を受けてください。まずは、日本人の摂取基準にあわせてとってみると良いです。

あわせて、カルシウムとマグネシウムも補給すると良いでしょう。**特にマグネシウムは普段の生活の中では不足しがち**なのでサプリメントで補いましょう。サプリメントはオーガニックの製品を使用するとなお良いです。

気持ちがうつっぽく落ち込んでしまう時には、まずはビタミンD_3とK_2の摂取をはじめて、体の冬モードを解除するところからぜひはじめてください。

「行進訓練中」急に動きが鈍くなる時は運動抑制を疑う

あなたは普段急に動きが鈍くなる時はありませんか？　そんな時はもしかしたら運動抑制が起きているかもしれません。

自衛隊では行進訓練というものがあります。行進訓練は銃などの装備品、背のうを背負って徒歩で目的地まで行進をする訓練です。背のうとは背中に背負うリュックのようなもので、その中にさまざまな携行品、例えば衣類や食料、その他訓練に必要なものを入れます。作戦遂行に必要なものを入れて行進をすることもあります。

行進と言うのは小休止（短めの休み時間）と大休止（長めの休み時間）を取りながら行います。部隊にもよりますが、距離としては20キロ、30キロといったものや、幹部候補生になると１００キロ行軍と長距離のものもあります。

訓練では、体の限界といった疲れとはあまり関係なく、何気なく踏み出せていた一歩が進めなくなってしまう時があります。そんな時はもしかしたら運動抑制かもしれないなと疑ってみてください。**周りから運動抑制が起きている人を見ると明らかに話すスピードが遅くなっている。動作が極端に遅くなっている**という時があります。

うつになると、すぐに分かるほど体の動きが遅くなったり、口数が少なくなったり、声が小さくなったりすることが周りから見るとよく分かるのです。このような状態を、精神運動制止とも言います。

あなたも普段、あまり体が疲れていないのになぜか、なんか動けないなあ、なんでこんなにやる気が出ないんだろう、すごくだるいなあとなってしまうことがあるかもしれません。

まずはうつの時の症状をよく理解すると良いでしょう。うつの症状には次のようなことが挙げられます。

・嫌な感じ、頭が重たくなるような気分が起きている間ずっと続く
・自分が好きだった出来事や関心事をやっても落ち込んでしまって気分が上がらない
・あまり疲れることをやっていないのにも関わらず何もしたくなくなる
・しゃべりや行動が明らかにゆっくりになる
・集中力が極端に落ちて相手が言っていることが全く理解できなくなる

また一言に「うつ」と言っていますがそのままの意味で受け取らなくて大丈夫です。その**うつっぽい感情にはグラデーションがある**と思っていただいた方が良いでしょう。レベル１、レベル２、レベルＭＡＸのような感じでうつの症状も段階が人によってあると認識していただけると思います。

普段頑張っているあなたの場合にはこのレベル１の時に、「自分のさぼっちゃう癖が出てきたのかも」「ほかの人が頑張っているんだから私が

休んでどうするの」「うつは甘え、休むのなんかあり得ない」といった考えが出てきてしまうかもしれません。

ただ、**うつはあなたのエネルギーが不足している状態ですよ！　という見逃してはいけない誰にでも出るサイン**なのです。このサインを無視してレベル１からレベル２、そしてレベルＭＡＸまで行ってしまうとあなたの心と体の回復にはとても大きな時間がかかってしまうことになります。

あなたも普段の生活の中で単調な作業を延々と続けてしまっていることがあります。知らず知らずのうちにその行動は自分のエネルギーをゴリゴリと削っている場合があるのです。先ほども言ったように小休止（短めの休み時間）と大休止（長めの休み時間）を取り入れると良いです。

行進訓練の時には凍結乾燥梅肉粒といった梅味のとても酸っぱいタブレットを食べて塩分補給を行っていました。あなたも小休止を積極的に取り入れて、梅などの酸っぱいものでなくても良いので甘いお菓子やコーヒーブレイクといった形で、決まった時間に休憩してみると良いでしょう。

人はエネルギーが枯渇してどうしようもできなくなることがあります。運動抑制は、うつの中心症状と言っても差し支えないものなのです。自分で「あ！　もしかしたらちょっとうつなのかもしれない」と考えてみましょう。全く悪いことではないのです。何事もレベル１のように低い時の方が対処がすごく簡単なのです。

運動抑制が起きているかもと思ったらそのサインを見逃さないこと、日常の生活の中で小休止、大休止を取り入れて積極的にエネルギーを補給するようにしましょう。

「障害走」
体がこわばり動けない時は極度の緊張状態を疑う

あなたももちろん「緊張」を経験したことがあるでしょう。緊張という感情は非常に厄介なものです。大事な試験や部活での試合、就職のための面接スピーチ、仕事中、さまざまな場面で緊張したことはありませんか？

緊張すると次のようなことが起きます。

・何もしていないのに息が上がる
・冷や汗がだらだらと流れてくる
・頭が真っ白になって考えることができなくなる
・普段できることがうまくできなくなる
・緊張体験を思い出して人前でわけが分からなくなる

不慣れな場所などで緊張して汗をかいたり、全身がこわばったりといった体の症状が出たことが一度はあるでしょう。普段と同じ場所、いつもはできていることでも環境が変われば緊張してしまうということをもう一度認識してみましょう。

自衛隊には、障害走と言うものがあります。正式には武装障害走と言われています。武装障害走とは、銃を持って2メートルほどの壁を超えたり丸太を渡ったりなど、さまざまな障害を乗り越えていく訓練です。正式に競技会という形をとってそれぞれの部隊対抗でタイムを競うこともあります。

競技会でタイムを競う時にはさまざまなギャラリーが集まって来て、普段の場所、いつもできていることでも緊張してしまうのです。緊張によってパフォーマンスが下がるのはあなたももちろんお分かりかと思います。

では、なぜ人は緊張してしまうのでしょうか？　それは「**自分がその環境とミスマ**

ッチを起こしているから」だと言えるでしょう。

アウェーといった方が分かりやすいかもしれません。サッカーなどのスポーツでもホームとアウェーといった言葉があると思います。自分の本拠地なのか相手の敵地なのかということです。

あなたも想像していただければ分かると思います。自分の家でのびのびとプレゼンテーションするのか？　それとも全く知らないはじめて訪問する会社で、大勢がいる場所でプレゼンテーションするのか？

自分が普段見慣れない場所、普段あまり人と関わらないような時間、そして自分が知らないさまざまな人がたくさんいる、そんなシチュエーションが緊張する場面です。よく、この緊張感とうまく付き合っていくために、成功する自分をイメージするといった方法が挙げられます。例えば

・試験で合格している自分

・プレゼンテーションが成功している自分
・スポーツなどで好タイムを出している自分

などです。成功している自分をイメージしてみて慣れるまで行う。確かに慣れればそれに越したことはないのですが、あまりにも膨大な時間がかかりますし、かなりきつい緊張への慣れ方と言えるでしょう。そもそもあまりうまくいったことがないからうまくイメージ自体できないのではないでしょうか？

そんな時にもっといい方法があります。

私たち自衛官というのは、アウェー、敵地、相手が攻勢といった場面でも本領を発揮しなければなりません。訓練をする時も日常の平穏な場面から戦闘状況に身を置くなど、一気にスイッチを切り替えて実力を発揮しなくてはなりません。

自衛官が一気にスイッチを切り替える技術とは**「状況開始」の言葉**です。訓練はこの「状況開始」の言葉からはじまります。**「状況開始」の一言で一気にスイッチが切**

り替わるのです。

これを、アンカリングと呼びます。ある特定の言葉や仕草、行動などを起点として自分にとって最も有利な感情を引き出すといったものです。ラグビーの五郎丸選手や野球のイチロー選手などが独特の動きでやっているのを見たことがあると思います。

アンカリングにはコツがあり、人間は次のような五感があります。

・触覚（触った感覚）
・嗅覚（においなどの感覚）
・視覚（目で受け取った感覚）
・聴覚（耳で聞く感覚）
・味覚（舌で味として受け取る感覚）

味覚と嗅覚はスイッチを変えるために使うのは不向きです。私のアンカリングの場合には、指パッチンを耳の近くで大きく行い「私はできる」と宣言しています。

指パッチンによる聴覚への刺激、視覚による動作の刺激、指に対する触覚の刺激、そして宣言した言葉による聴覚への刺激となります。これによって**好ましくない感情を一気に自分の好ましい感情に引きずり込む**ことができます。

アンカリングの効果を最大限に発揮するためには、普段から少しずつでもいいので好ましい感情の時に実施してみて、回数を増やしてみるのが良いでしょう。

言葉も自分の好きなもので全然大丈夫です。「私はなんでもできる」「この問題を突破する」「壁は乗り超えるためにある」などポジティブな言葉でアンカリングを施していくと良いでしょう。

緊張という感情もこの技術を使えば難なく制御することが可能になります。そしていずれはこのような技術がなくても、うまく緊張という感情と付き合っていくことができるようになります。まずは一つ自分のアンカリングを作ってみましょう。

「消灯ラッパ」逃げたい、死にたいとつぶやいた場合は希死念慮を疑う

人間、生まれてから一度も死にたいと思ったことがない人間なんていないと思います。もちろん私も、きつくて辛くて何度もその考えが頭をよぎったことがあります。あなたもきっとそうなのではないでしょうか？

自衛隊では消灯時間というものが決められており、その時間に就寝します。消灯時間には「消灯ラッパ」が鳴り響きます。ラッパを聞いた後、ベッドの上で「逃げたい、死にたい」とふいに思ってしまうんです。人はなぜ死にたくなるのでしょうか？

自分の容姿が嫌い・ホルモンバランス・人間関係・精神面・金銭問題・そして体力面では病気やいろいろなことが原因に挙がります。「みんなつらいんだから、あなた

だけがそうじゃないんだよ」と言われたことがあるでしょうか？　でもこれは、ずっと人生が恵まれていた人のセリフだと私は思います。

私は自衛隊中央病院で放射線技師として勤務し、たくさんの患者様と関わっていろんな傷を見てきました。搔きむしった胸の傷を、見ていられないほどどす黒くなった青あざを、死に損なって折れた足の骨を、言葉で語られなくても見るだけで分かる、その人たちの壮絶な過去を。**「死にたい」の重みがまるで違うんです。**

ある日救急の患者様で高校生くらいの男の子が救急搬送されてきたことがありました。ご自身の足でしっかりと歩いて来られて、受け答えもはっきりされていました。いつものように胸のレントゲンを撮った後に言われたことがあります。「こんなに優しくされたのははじめてです」と。この男の子は2度目の練炭自殺未遂の患者様でした。

いったい今までにどんな人生を送ってきたのでしょうか？　電子カルテを見て何も言えずに、ただ涙をこぼしてしまいました。私はあなたに「みんな死にたいと思ったのは一緒だよ」なんてとてもじゃないですが言えません。
この本で私はいろんなことを書いてきました。いろんな考え方、ノウハウ、回復方法、それを守るよりもまずは守って欲しい大切な約束をあなたとしたいのです。
「生きること」これを、私とあなたの約束にしましょう。

あなたにもいろんな傷があると思います。人が自分を傷つけてしまう理由を私は「自分がどこにいるのかわからなくなってしまうから」だと思っています。

心にぽっかりと穴が開いてしまって、周りにも頼る人なんていない。家族や恋人、友達などがいても大切だと思うからこそ頼れなくなってしまう。そしてひとりぼっちになって「自分がどこにいるのか分からなくなってしまう」。

自分が本当に存在しているのか分からなくなって自分に傷をつける。痛みを通じてしか、自分の存在を確認できない。世界一悲しい存在証明です。忘れないでください。

あなたが傷ついたら悲しむ人間がここに一人、確実にいることを。

私はずっと恵まれてきたと思います。どんなにつらい時にも仲間がいました。私は仲間とのつながりがあったから「自分の存在」を認識できていました。

あなたは今、自分がどこにいるのか分からなくなっていませんか？　ここに一人あなたの仲間になりたい人間がいることを覚えていてください。

そして死なきゃ人生が変えられないなんてことはないのです。「**生きたまま生まれ変わればいい**」のです。私の人生も否定の連続でした。だから、私は気に入らないものはなんだって変えてきたのです。弱い自分を変えたかった。だから銃を持った。戦う技術以外にも知りたいことができた。だから血の止め方を、包帯の巻き方を、人の癒やし方を勉強した。自衛官では成せないことがあった。だから起業して本を書いた。

生きたまま生まれ変わった、そのすべてが私であるのです。あなたもあなたが気に入らないものは変えていけるのです。すべてを今この瞬間に決めていいのです。**死にたくなった過去なんてすべて変えられる**のです。

過去に心無い人にいろいろなことを言われて疲れ切っているのかもしれません。そんなことはすべて忘れて構わないのです。あなたはあなたを生きれば良いのです。

今まであなたはすべてに否定されてきたのかもしれません。ならば、あなたを否定するすべてを私が否定しましょう。そして死にたいと思う心から、**生きると決意したあなたの姿は世界で最も美しい存在**であるということを忘れないでください。

まずは「**生きること**」この約束を守ってみましょう。

第6章

疲れた心を癒やしてリセット！
自衛隊式セルフケア

「中隊検閲」
効率的な睡眠が心も体も回復する

あなたは最近よく眠れているでしょうか？　最近なんだか疲れているけど眠れない、眠ろうとしてもなかなかうまく寝付けない、もしくは寝ても寝ても寝足りない、そんなことはありませんか？

誰しも眠るという行為がとても重要なことを分かっていると思います。しかし、その「寝方」はあまり効率的ではないかもしれません。

私は自衛官としてありとあらゆるところで寝てきました。汗が止まらない真夏の富士山ふもとでの睡眠。極寒で震えが止まらない真冬の北海道での睡眠。コロナや救急の患者様の対応のための極短い時間の睡眠など、さまざまな睡眠を経験しています。

そんな入眠の時のリラックスに良いとよく言われるのは、漸進性筋《ぜんしんせいきん》弛緩法《しかんほう》などが挙げられるでしょう。**漸進性筋弛緩法とは、体の一部分から力を入れて、10秒ほど継続したのち、力を抜いて脱力するといったもの**です。

はじめは両手、次は両足など、順番に力を入れて脱力を繰り返していきます。ただ、あまりの環境的要因が大きい場合にはこの効果を十二分に発揮できないことがままあります。

考えてもみてください。真夏の富士山ふもとの森の中で、暑さにうなされながら漸進性筋弛緩法をやるのが一番にやることなのか？　真冬の北海道で体感気温がマイナス10度を下回る中で、漸進性筋弛緩法をやるのが一番にやることなのか？

今、あなたが思ってくれたようにさすがにそれではうまく眠れないと分かっていただけたと思います。

寝るために必要なのは、まずは「環境」を整えることなのです。自衛隊の訓練などでは休憩や睡眠を交代でとり続けることが多くあります。そんな中でもできるだけ睡眠を効率良くとれるように工夫を凝らすのです。

3トン半トラックの荷台に簡易的なベッドを置くことによって効率的に寝るようにしたり、真冬の北海道ではそのまま寝ると本当に危ないことになってしまうので、戦車に天幕とストーブを積載して温度を確保できる空間を作れるようにしたりして、睡眠を確実にとれるように工夫をします。最悪、何もない時は、仮眠覆いというポンチョのようなものを着て虫に刺されないように対策を行います。

あなたが寝る時には、実はあまり「環境を整えること」を意識していないかもしれません。**毎日繰り返す睡眠のために「環境を整えること」はとても重要**です。

あなたが普段使っている毛布にはダニなどが繁殖している可能性があります。その場合ですとアレルギー反応などで常にダメージを受けながら寝ているような状態になってしまう可能性もあります。こまめに洗濯をして、シーツや枕カバーなどは清潔に保つようにしましょう。また、枕やベッドマットなどはなるべく体圧を分散できるようなものが良いでしょう。

私のおすすめの枕は「脳呼吸枕」というもので、実際に自分で使っています。脳呼吸枕とは、宮野博隆氏によって、脳脊髄液調整法（CSFプラクティス）という理論に基づいて考案された枕です。私たちの体の中では脳脊髄液の循環が起こっています。この**脳脊髄液の循環を改善して脳圧を下げ、睡眠効果を高めてくれます。**

また一日8時間などではなく、とにかく寝るという行動が心にとってとても大事になることがあります。

私も訓練終わりには10数時間寝ることがよくありました。とにかく寝るということは森田療法という心理療法でも言われています。

森田療法とは森田正馬と言う医学者、精神科、神経科医として活躍していた人が確立したもので、絶対臥褥期と呼ばれる日常生活から離れ、生理活動以外は一切の活動制限し寝ているようにすることであり最初はまずは休もうといったことを推奨しています。

とにかく**ずっと休むというのが動くためには不可欠**と言えるでしょう。

また、寝る前にアルコールなどを飲まないと眠れないという人はＣＢＤを摂取してみると良いかもしれません。ＣＢＤはカンナビジオールの略称であり、ストレスの緩和につながり入眠しやすくなります。

今すぐできる睡眠を改善する方法として「**ベッドの頭側を10～20センチ程度足側よりも高くする**」というものもあります。ようはベッド全体を傾けて「**入眠角度をとる**」ということです。

私は、自衛隊中央病院での勤務をしていました。病院で多いのはそのままのベッドの角度だと寝づらいという患者様がいることです。そのため病院のベッドは患者様の頭側、足側などあらゆる角度の調整を行うことができます。

ベッドを傾けると、私たちのお腹の中にある臓器が重力で足側に落ち込み、横隔膜

の運動がしやすくなり、普通に寝るよりも呼吸がしやすくなる効果があります。

ベッドを傾けるというのはなかなかない発想かもしれませんが、入院されている患者様には積極的に用いられています。ベッド自体の角度を変えられない方は、クッションを利用すると良いでしょう。今すぐ今日からやってみることができるのでおすすめします。

あわせて寝付けない時の考え方として「トラブルが起きるのは自分が起きている時」と考えると良いかもしれません。寝ている間はいろんなトラブルは起きていません。夢の中に避難するという考えもあります。

まずは環境を整えて、漸進性筋弛緩法で力を抜いて、眠れるだけ眠ってみましょう。

「模範学生」
泣きたい時は泣くことが自分のケアになる

泣くな！　あなたはこんな言葉を言われたことがあるでしょうか？

このように言われなくても「いつまでもめそめそしてたって仕方ないよ」「泣けば解決すると思ってんの？」「泣くなんて弱いやつのすることだよ」なんて心無い言葉をかけられたことがあるかもしれません。

結論から言います。積極的に泣いていいんです。むしろちゃんと泣けるようにならなくてはいけないでしょう。泣くな、とよく言いますがなぜ泣いたらいけないんでしょうか？　泣いてはいけない科学的根拠なんてどこかにあるのでしょうか？　そんなものないとあなたは分かってくれると思います。

あなたは泣くという行為にもしかしたら抵抗があるかもしれません。よくあるパターンは次のようなものがあります。親は子どもを教育して育てていきます。子どもが泣いているという行動、つらいことや悲しいこと、怒っていることなど**「子どもの感情表現」に対して親が疎ましく思ってしまい泣くな！　という教育を施してしまうこと**があります。

そんな教育を受けた子どもはどうなってしまうのでしょうか？　人は悲しみや怒り、寂しさ、あらゆる感情を表現するときに「泣く」という行為をします。この行為を「禁止」されてしまったらどうなるのでしょうか？　その**感情が表現できなくなってしまい、心の中に蓄積してしまう**でしょう。

私は、自衛隊高校に入る前にはこの泣くという行為ができなくなっていました。悲しい、寂しい、怒りなどをどうしていいか分からなくてふさぎ込むといったことがありました。はっきり言ってこの自衛隊高校での生活というものは困難の連続でした。うまくいくことが何一つないのです。うまくいったためしが何一つないのです。本当に自分はここにいていいのか？　本当に何者かになれるのかと、無力感に打ちひしがれたのを覚えています。

悲しい、悔しい、何もできない自分が腹立たしい。そんな感情はあっという間に自分の中に蓄積していってしまうんです。そんな時、やっぱりふと思ってしまうのです。「泣いちゃダメなんだ」と。でも違います。それは私の思い込みでした。自衛隊では誰も泣いてはいけないなんて言う人はいなかったです。

そして、私には仲間がいました。仲間の誰一人も悔しくて泣いたことがないやつなんていませんでした。高校は2段ベッドだったので、上のベッドの仲間が泣いていたらもらい泣きをしていたりもしていました。私はこれを境に思いっきり泣くことができるようになりました。そして、どんなことでも乗り越えられるようになりました。

人は泣いて泣いて強くなっていくんです。自衛隊で心が強い人の中にも、涙を流してきた人がたくさんいます。泣くということは悲しい、悔しい、腹立たしいと思うようなあらゆる感情にふたをすることなく洗い出す効果があるのです。

自分の中に感情をため込んでしまう方法しか取れなければ、いずれはあなたの心のキャパシティは限界が来てしまうことでしょう。泣くことは決して悪くないことだと覚えておいてください。

そして泣くととても気持ちが落ち着きます。自分の中の感情が表に流れ出ることですっきりと睡眠に入ることができます。私は泣いてもいましたが、何か自分の中にもやもやしていることがあれば仲間が24時間そばにいたのですぐに相談していました。

人に相談する前に自分でなんとかしろ！　なんて言う人もいるかもしれません。しかし自衛隊ではミスをすれば連帯責任ということがあるので、積極的に情報などを共有して解決するといったことがあります。

相談をすると自分の中のもやもやとしていた部分がなくなり、心がすっと楽になっていきます。もしも同じ悩みを持っている仲間であれば、自分だけが悩んでいるんじゃないといった安心感にもつながりますし、もしかしたら解決方法も教えてもらえることがあるかもしれません。これによって心の中のわだかまりがなくなっていきます。

あなたももしも周りに相談できる人がいれば話してみるのが良いでしょう。

もしも周りに相談できる人がいない、頼れる人がいない時は泣くことにプラスして**「紙にありったけの感情を書いてびりびりに破ってみる」**というのをやってみるのも良いかもしれません。

泣くことにプラスして、自分の感情を文字という形にして客観視する。そしてそれを破くという破壊行動によってストレスを発散することができます。破かなくてもぐちゃぐちゃにする、投げるなどすれば紙なので周りが壊れる心配もありません。

そして、泣くことによってあなたは悲しみ、寂しさ、怒りなどその感情について理解が深まるでしょう。その感情の理解が深まればほかの人が悩んでいる時に誰よりも助けになってあげることができるでしょう。涙を流すことに我慢も自分の感情にふたもすることもないんです。

インド独立の父と呼ばれるマハトマ・ガンジーは次の言葉を残しています。

「束縛があるからこそ、私は飛べるのだ。悲しみがあるからこそ、私は高く舞い上がれるのだ。逆境があるからこそ、私は走れるのだ。涙があるからこそ、私は前に進めるのだ」

すべての感情はあなたのためにあるのです。**あなたの感情のすべてがあなたを作っていく**のです。あなたも涙を流した後は前に進めるようにしましょう。

「自衛隊音楽隊」
生の音楽を聴くことが気持ちを落ち着ける

最近、音楽を聴いていますか？　普段なかなか音楽を聴かない人もいるのではないでしょうか。また音楽を聴くと言っても、イヤホンをつけて動画サイトなどで聴く方もいらっしゃるのではないでしょうか。

実は自衛隊にとって、音楽とは欠かせないものの一つです。あなたは音楽で戦う部隊があることをご存知でしょうか？

自衛隊には音楽隊があります。音楽隊は、自衛隊の職種の一つである音楽科の隊員で編成されており、音楽演奏を主な任務とするものです。陸上自衛隊だけではなく、海上自衛隊や航空自衛隊にもそれぞれ音楽隊がいます。

東日本大震災の際には、慰問演奏によって被災で傷ついた人々の心に対して、精神面で支援を行ってきた部隊でもあります。自衛隊の音楽隊は、自衛隊音楽祭などで皆様のために演奏することもあり、人の心を癒やせる本当に強い部隊だと思います。

私はもともと音楽と言うものに全く興味がありませんでした。しかし、実際に生で演奏を聞くと、そんな考えは吹っ飛んでいきました。**生の音楽は「心を蘇らせる」んです。**今ではいろいろな演奏を聴くのが大好きになりました。

心の琴線に触れると言う言葉がありますが、まさしく生の音楽は心の琴線に触れ、感動を与えてくれるのです。あなたは日ごろ疲れを感じているのではないでしょうか？　そんな時はもし時間があれば、いろんなコンサートなどに行ってみるのがいいかもしれません。ピアノやサックス、フルートなど、いろいろな楽器のキレイな音、それらに触れることによって、あなたの心はどんどんと回復していくでしょう。

コンサートに限らず、ライブに行くのも好影響です。
自衛隊高校の時代には、1年に1回アーティストを呼んでライブが開催されることがありました。体育館に3学年１０００名ほどの男子高校生がぎゅうぎゅう詰めになってライブを観ると言うものです。

ライブ中の一体感というのはとても充実感があります。周りの人が知らない誰かだったとしても、同じ気持ちで盛り上がれるのです。やはり音楽は人を元気付けてくれる力があります。

普段の生活の中だと、生の演奏と言うのはあまり聞く機会がないかもしれません。そんな時には一度配信やYouTubeだけではなく、生の音を聞いてみようとしてください。簡単に聴きに行けない場合には、**オルゴールなどデジタルではない音源で聞いてみるのが一番**でしょう。

私は今までさまざまな音を聞いてきました。戦車の１２０ミリ滑腔砲の発射音、35

ミリ機関砲の発射音、５・56ミリの発射音など、どれも心が休まらない音をしていました。そういった音はあまり聞かない方が良いでしょう。

日常生活の中にも音があふれています。生活音、工事の音、仕事の中の声、嫌なものも含めて、身の回りにはいろいろな音があると思います。

あなたの心の中にもいろいろな音が、言葉が渦巻いてしまっているのかもしれません。その中で、楽器の音と言うのは、とても心を落ち着けてくれるものであると言えるでしょう。

聞きたくない音を少なくして、聴きたい音に囲まれるということがあなたの生活を輝かせることにつながっていくのです。あなたはどんな音を聴いていたいですか？

まずやってみることは「生の音」に触れてみることです。そしていずれは自分が求める心地よい音に巡り合うでしょう。人の、荒んだ心を蘇らせる音にあなたもきっと心を救われるようになるのです。

あなたも今からでいいんです。あなた自身の周りの音を少しずつ良いものに変えていきましょう。そうすればいずれは心を癒やすあなたの好きな音があなたの生活を変えていくのです。

生の音楽を聴くことによって、あなたの世界を取り巻く音は優しいものに変わっていくのです。

「遠泳訓練」
大きなスケールのものに触れ悩みごとを海水で流す

あなたは海が好きでしょうか？　私は海が大好きです。

あなたはもしかしたら海の近くに住んでいたことがありますか？　それとも海が全く見えない内陸に住んでいるでしょうか？

私は地元が福島県の内陸の方で、中学校を卒業するまで海をほとんど見たことがありませんでした。高校に入学して、その高校は海に面していました。そしてそのスケールの大きさに心を打たれ、休みの日には海水浴にもよく行っていました。

泳げないからそもそも行きたくないんですけど……。そんな風に思っていませんか？　私も昔は全く泳げませんでした。小学生の時からプールで一切泳げず、中学生になって必死に泳ぐ練習をした結果、やっと泳げるようになりました。ただ、あまり得意ではありませんでした。

高校生の時には遠泳訓練と言って、海の中で長い時間泳ぐ訓練がありました。私はこの高校に入るまで海で泳いだことがありませんでした。やったことがないし、苦手なことだからできないかなと思った矢先、泳いでみると、普通の水よりも体が浮くことに気付き、ものすごく楽しく泳げた経験があります。

そして水泳と言うのは全身運動です。普段の地上で行う運動の中では、なかなかこのように全身の筋肉を使った運動というのは難しいかもしれません。海の中で泳ぐと言うのはとても重要で充実した運動となります。

また、自衛隊では「アースよし！」といった行動があります。これは、地雷埋設や不発弾処理などで、爆弾が自分の静電気で爆発するのを防ぐために素手で大地に触れることを指します。

これに似たもので、健康法の中には「アーシング」というものがあります。人間はもともと、裸足で生活を行っていたため大地と体の一部が直に接していました。しかし、現代では靴や靴下などによって直に大地に接する機会がなくなり、電気が流れず人体が帯電状態になっているのです。

あなたも経験があるのではないでしょうか？　冬場などの乾燥している時に何かに触れようとした時に、ビリっと静電気が起きたことがありませんか？　この体の帯電を防ぐために裸足で大地に接する健康法がアーシングです。

これは、海辺でやる方がより効果的であると言えるでしょう。海水は電気を流しやすい性質があります。これによってアーシングの効果が最大限に上げられるでしょう。

また、海水浴場などで水着になることを考えてみましょう。水着を着用することで太陽の光を浴びやすくなり、**日光によって肌でビタミンDが生成され、健康の維持に**

もつながります。

普段とは違ったスポーツを行うのも体にとってはとても重要なことです。運動しなくてもゆっくりと海を眺める、海の音を聞き、大きく沈む夕日を見る。それだけでも心は楽になってきます。私は高校生の時には横須賀にいましたので、毎日辛い時には海を見ていました。

海も時間によって陽の光が移り変わり、見える風景が違ってきます。またゆっくりと凪いだ海を見ているととても落ちつくでしょう。あわせて、**海の音は気持ちをとても安らげてくれるもの**です。**波の音に耳を傾けているだけでも自然と穏やかな気持ちになっていく**はずです。

日本の海は美しい眺めのところがたくさんあります。訓練で移動している時や休みの日などはよく全国のいろいろな海を見ました。北海道のノシャップ岬や対空射撃を行った静内の海、天候が良い日には富士山が見えた横須賀からの海などいろいろな海を見てきました。

日本であれば、大洗磯前神社、夫婦岩、夕日ヶ浦海岸、真玉海岸など本当にたくさんの美しい海が見えるスポットがあります。

そして世界の海に目を向けるのも良いでしょう。例えばニューカレドニアのノンカウイ島、パラオのジェリーフィッシュレイク、ギリシャサントリーニ島の青い海、カリブ海のブルーホールなど世界にもとてもキレイな海がいくつもあります。

海は日々の生活の中であまり接する機会はなくなっていませんか？　まずは近くでも良いので眺めに行ってみましょう。海のスケールはとても大きいです。

あなたの悩みごとも海の海水とともに流れていくでしょう。

「スキー訓練」
銀世界に溶け込み転地効果を利用してリフレッシュする

あなたは冬はお好きですか？　冬には雪が降る場所に住んでいるでしょうか？

実は雪を見たことがない、なんてことはあるでしょうか？

私は生まれてからずっと雪に触れあってきました。自衛隊の高校に入った時には、生まれてから一度も雪に触れあったことがない同期もいました。

あなたはどうでしょうか？　もし、最近雪に触れあってないなあと感じたら、一面が雪に囲まれた銀世界に行ってみることをおすすめします。

私は高校を卒業してからは北海道の高射特科部隊に配属されて、そこでスキーを仕事中にするようになりました。仕事中にスキーができるなんて、なんてラッキーなんだろうと思っていました。地元が福島県ですので、学校でも、プライベートでもよくスキーを滑っていました。自分で言うのもなんですが、結構得意な方でした。

ただ、今までスキーに親しんできた私でも自衛隊のスキーの洗礼を受けました。自衛隊のスキーは本当に、ものすごく難しいです。

あなたはスキーと言われた時にどんなイメージを持つでしょうか？　やはり、山の上の方から下の方に滑り降りてくるイメージがあると思います。しかし自衛隊のスキーは山の上まで駆け上る、平地を歩く、走る、直滑降で降りてくるなどさまざまなことができるようにならなければいけません。もちろん装備をつけて射撃、スキー板のまましゃがむなどもできるように訓練します。

皆さんが普段行っているスキーは「アルペンスキー」と呼ばれるものです。アルペンスキーは、板と足靴が一体化しており、非常にターンしやすくなっています。しかし自衛隊がスキーを行う場合は、防寒靴と言う防寒性能が高い革靴でスキーを行います。

スキーのかかとは固定されておらず、足首などが自由に動かせるようになっています。防寒靴には溝があって、バッケンと呼ばれる金具と革紐で板と靴を固定します。スキー板にはうろこのような切り込みが入っており、これに雪が食い込んで坂道でも登りやすくなっています。ターンの際にもあなたが想像しているアルペンスキーのように簡単に曲がることができず、かかとや足首が固定されていないので下半身の筋力が必要になってきます。

スキーの訓練では、ゲレンデで滑る訓練のほかに競技会という形で、登り、下り、平地がすべてあるコースでタイムを競うこともありました。競技会では氷点下の中訓練をするのですが、汗だくになるのでTシャツ一枚に小銃を背負ってスキーで走ることもありました。

スピードが遅い場合にはバンフライ！（道を空けろ！）と後ろからものすごく速い人に言われたことが今ではいい思い出です。競技会も慣れてくると結構面白くなってきます。

スキーで特に面白いのはゲレンデを滑る訓練です。アルペンスキーでは曲がる止まるといったことがすごく簡単にできますが、自衛隊のスキーでは難しくなかなかスムーズに滑ることができません。ただ慣れてくると普通のスキーよりもかかとや足首などが自由に使えるので、次第にこちらの方が面白いように滑れるようになります。

もしあなたがスキーが得意であれば、**アルペンスキーではなくテレマークスキーやクロスカントリースキーをやってみるのもいい**かもしれません。やったことがない人は、アルペンスキーから試してみると良いでしょう。

日本にはさまざまなゲレンデがあります。場所によっては空気中の細氷が太陽光に反射してダイヤモンドのようにキラキラと輝く「ダイヤモンドダスト」を見ることができたり、過冷却状態の冷えた水滴が樹木に吹き付けられた「樹氷」というものも見られるかもしれません。

普段とは違った土地、環境に行くのはとても心地の良いものです。

「転地効果」と呼ばれるものもあって、**普段とは違った環境・風景を楽しむのも、心にリフレッシュの効果を与えてくれるので非常に重要なもの**です。

また、スキーを行わなくてもその場で雪に触れてみるというのが一番です。

雪の結晶というのは世界中どこを探しても「**一つとして同じ形がない**」のです。過去、現在、未来あらゆる時間軸にわたって一つとして同じ形がないのです。

まるで、世界にただ一人存在するあなた自身のような感じがしませんか？

もし、自分という存在を忘れてしまいそうな時は雪の結晶を思い出してみてください。銀世界があなたの心を優しく包んでくれるでしょう。

「体力増強」筋肉とセロトニンの分泌で元気を取り戻す

なんかいつも元気が出ないなぁ、なんて考えることがありませんか？

あなたは、心をリフレッシュしたい時に、どんな方法を行っているでしょうか。


一つ良い方法があります。それは筋トレです。

きついことは嫌なんですけど……と思っていませんか？　確かに筋トレはきついことかもしれません。ただ、それでも筋肉をつけるというのはおすすめなんです。

筋肉ですべてを解決できると考える方もいるくらいで、私もそのうちの一人です。

あなたも「脳筋」になると良い点が多々あります。

自衛官は体が資本です。どんな時にも最大限のパフォーマンスを発揮するために日夜体を鍛える習慣があります。筋肉をつけるとどんな良いことがあるのか、もちろん自分に自信を付けることにもつながってきます。

そして**脳内ホルモンである心と体を安定させるセロトニンや幸福感のもととなるドーパミン・気分を高揚させるエンドルフィン・やる気を向上させるテストステロンなどの分泌によって元気を取り戻す**こともできます。

運動を習慣にすると、最初はきつい感覚が、だんだんと運動は気持ちが良いなという感覚になっていきます。ふさぎ込む気持ちも、日々の筋トレなどの汗によってストレスとともに発散されていきます。

自衛官であった時は、筋トレはもちろん、訓練そのものが筋肉に対してさまざまな効果を付与していたので、私の場合は自動的に筋トレを行っていたことになります。

ただ、無理に筋トレをする必要はありません。**本当に疲れている時は、まずは休む、睡眠をとることがとても重要**です。ありがちなのは、毎日やらなくてはいけないという強迫観念に駆られて、無理矢理やることによって体を壊してしまうことも挙げられます。また、決められた回数を行うのもとても大事ですが、日々の体調によって回数を減らすことも重要でしょう。

負荷の高い運動からはじめるのではなく、まずは1キロ走ってみる。自分のペースで走ってみる。時間は関係なく走ってみることや、ハードな運動ではなくても、ヨガやストレッチなどからはじめてみるのも良いでしょう。そこから少しずつ運動強度を上げていくのが重要です。

時間がない方は、毎朝の通勤をサイクリングに変えてみる、一つ前の駅で降りて歩いてみる、普段はエレベーターを使っているけど階段を使ってみるのが良いかもしれません。少しずつですが自分に体力がついてくることが実感できるはずです。

また、**人によっては一般的な筋トレではなく、スポーツのような形で運動するのも良い**と思います。私の場合だと、高校からアーチェリーをやっていたので、今でも時折アーチェリーをやるようにしています。

アーチェリーは弓を引くので、背中の筋トレにつながります。これによって普段はジムなどで行う背中のトレーニングをカバーすることができるようになっています。筋トレが苦手な人はすべてスポーツでカバーしてしまう方が楽しく運動につながるので良いでしょう。

また、**筋トレのモチベーションが上がらない時は、ポスターや写真を貼っておくと良い**かもしれません。私は今もフィル・ヒースやジェイ・カトラーなど、憧れのボディビルダーの写真を貼っています。それ以外にも、何人かで筋トレやスポーツをするのもおすすめです。一人でやっていると、なかなか続かないことでも、複数人とやってみることによって、自分の嫌だなぁと言う気持ちに対してもうまくアプローチできます。また、やらなくても、人のやっているところを見るだけでも元気になります。

元自衛官としておすすめのものには、自衛隊体操というものがあります。動画でも配信されているので一度やってみてはいかがでしょう。体操と言いつつもかなりハードな運動になっていて、これをやると息も上がる人もいるくらいです。

自衛隊体操というと陸上自衛隊と航空自衛隊で行われているものを思い浮かべる方もいますが、海上自衛隊体操という海上自衛隊独自の体操もあるのでやってみたい方にはおすすめです。

体を鍛えていることは、いざという時に備えられるということです。自衛隊の中には私たちは鍛えているんじゃない。備えているんだ。と言っている部隊もあります。

そして革命家レフ・トロツキーは「あなたは戦争に興味がないかもしれないが、戦争はあなたに興味を持っている」といった言葉を残しています。いざという時のために体を鍛えておくというのはとても重要なことです。

そして、今までいろんなものがあなたを裏切ってきたでしょうが、筋肉は本当にあなたを裏切りません。こんなに律儀なものがあるのかと思うぐらいです。

毎日少しずつあなたのペースで体を動かしてみましょう。

「飯盒炊飯」
好きなものでもあるものでも、とにかくご飯を食べることで回復する

心を回復するためには、さまざまな栄養が必要になってきます。睡眠と一緒で、やはり回復に必要なのはご飯を食べることでしょう。

普段、疲れているとなかなか食事の量をとれなくなります。その時は自分の好きなものを少しでも良いので食べるのが1番です。まずは栄養ではなくて、エネルギーを取る目的で、好きなものをたくさん食べてみるのも良いかもしれません。

私も訓練の終わりには自分の好きなものをありったけ食べていたりしました。ジュースでもお菓子でもなんでもいいと思います。

そして好きなものがなければ、その時あるものを何か食べてみると良いかもしれません。意外と酸っぱいものなんかも、疲れている時には口にしたくなると思います。

そして好きなものを食べるのも重要ですが、一番重要なのは「誰かとものを食べる」ことです。

あなたも生まれてからずっと食事をとってきたと思います。私も昔からご飯をずっと食べてきました。家族と食事をしていた時、自衛隊で過ごしてきた時、いろんなタイミングで食事をとってきましたが、その時は好きなものを食べることが一番重要なのかと思っていました。ただそうではないのです。

実は、**一番重要なのは誰かと一緒にご飯を食べること**でした。

今はお金をそれなりに稼げるようになって、高いものを食べたりをしますが、やはり一人でご飯を食べていると何か物足りないような感じがします。お腹は確かに満腹になります。でも「心は満腹になっていってくれない」ような気がします。一人でご飯を食べるのを「孤食」とも言い、日本では大きな問題となってきています。

ふと思うと私は自衛隊にいた時、ずっと誰かと一緒にご飯を食べていました。

私は一人で行動する方が好きです。人とつるむのははっきり言ってすごく面倒くさいです。ただ、自衛隊では食堂という場所で食事をとりますが、一人で行動するのが好きな私でも、なぜか一人で食べていたことはほとんどなかったです。

野外の訓練では、飯盒炊飯と言って飯盒でお米を炊いたり、その飯盒でカレーを作ったりしていました。これが結構難しいのです。

思い返せば、あまり上手にできたためしはありません。ご飯はおこげと呼ぶには厳しいほど焦げてしまって真っ黒になっていたり、カレーはルウが固形のまま残ってしまってものすごくしょっぱいところができてしまったりしていました。本当にセンスのかけらもないひどい有様でした。へたくそだの周りのやつに言われて、自分でも笑っちゃうくらいひどい出来でした。

味も本当にお粗末なものでした。ただ、今も思いますがどんな食事よりもおいしかったです。もう一度食べたいと思うのは、あの時の出来損ないのカレーなんです。

本当に不思議なもので、一人でどんなにおいしいものを食べてもあの時の満足感には到底及ばないんです。なんでなんだろうなあ、おかしいなあと思い、ふとした時に分かったんです。自衛隊にいた時には知らず知らずのうちに、**食事で一番大事なものは誰かと食べること**だと理解していたのかもしれません。

あなたにも思い出の味があるのではないでしょうか？　それはあなたが大切にしている誰かと一緒に食べたからおいしい思い出になっているのかもしれません。

大切な人や仲間と食べる食事には魔法がかかるような気がします。

高級ホテルのブレンドコーヒーよりも仲間と一緒に飲む缶コーヒーが、高級イタリアンのパスタよりも仲間と食べるふやけたパスタが、パティシエの高級スイーツよりも仲間と食べるコンビニスイーツがなぜか一番おいしいんです。

また、私は一時期体を壊して食事が全くとれなくなったことがあります。そんな時も、食事の場所には足を運んでいました。後輩や先輩がご飯を食べているところを見ると、自分が食べられなくても不思議と心が満たされていくような感覚になりました。人がいっぱい食べているのを見ると気持ちがいいんです。

そしてありがたいことに、周りに私が食べられないことを知らない人がいたら「さっき先に食べてきちゃったんだよね、無理に食べなくていいよ」とフォローを入れてくれたこともありました。

そういうところに行くと、お腹だけではなくて、心まで満腹になっていくと思います。食事の場となるところですが、もし食べられない時は話をする、話を聞く、人が食べているところを見るということをしてみるのも良いと思います。

たまには誰かとご飯を食べてみるのはいかがでしょうか？　はじめは自販機の缶コ

ーヒーでもなんでもいいんです。

そして、あなたは思い出の味を思い出せますか？

もう一度食べてみたい味ってあなたの中にありますか？

もしなければ**これから作っていけばいい**んです。自分で料理を作ってみるのもいいかもしれません。最初はへたくそでも徐々に上達していきます。

そしていつの日にか、あなたのその料理があなたとあなたの仲間にとって、心も満腹にする思い出の味になっていくのです。

「厚生旅行」
体を温めとにかくくつろぎ、温泉で心をリラックスさせる

あなたはうまく休めていないなあなんて思う時がありませんか？　ゆっくり休むには温泉が一番のおすすめです。

私が自衛隊高校に入った時は、厚生旅行がよく行われました。厚生旅行が何なのかと言うと、毎月お金を積み立ててある金額になったら、行きたい場所へ旅行するというたものです。その中でも**特に人気なのは、やはり温泉**でした。

いろいろなレジャーやスポーツ、さまざまなエンターテイメントなどが候補に挙げられるのですが、やはり鉄板は温泉です。

もちろん体を動かすスポーツもとても楽しいものですが、自衛官は訓練でさまざまなパターンで体を酷使している点が多々あります。その中でも無意識のうちに、やはり温泉を選んでしまうのが重要と言えるポイントなのではないでしょうか。

特に自衛官はお風呂が好きな人が多いと思います。訓練では夏場の7泊8日の訓練を体験したことがあります。この期間中はお風呂に入ることもできないで、ずっと訓練を行っているのでひどいことになっています。

冬場も北海道で3泊4日の訓練で体の感覚がなくなるような経験をしたことがあります。このように体を酷使した後に入るお風呂というのは何よりも格別なものです。

あなたは最近温泉に行っているでしょうか？

日本は各地にさまざまな温泉があります。昔から湯治と呼ばれる温泉療法があるように、温泉には体を癒やす効果が期待できるでしょう。

温泉には泉質というものがあり、その効果はさまざまです。単純温泉・二酸化炭素泉・炭酸水素塩泉・塩化物泉・含鉄泉・硫黄泉・酸性泉・ラジウム泉などがあり、それぞれ疲労回復や肩こり、筋肉痛などさまざまな不調に効果があります。

温泉に入ることによって、体が温まり、自分の疲れもお湯に溶けていくような感覚があると思います。人間は体温が1度上昇するだけで、免疫機能が活性化し、体のありとあらゆる細菌類から身を守る効果が高くなります。健康的な人であれば、個人差はありますがだいたい36・5～37・2度の範囲に収まります。ちょっと体温が低い時にはお風呂で体を温めると良いでしょう。

筋トレや食事、マッサージなどいろいろな回復法がありますが、温泉に入って体をゆっくりと休めるのも、心にとってはとても重要だと思います。温泉に入ると心地よい疲れが体を包み込みます。これによって入眠しやすい状態になります。

日本で言えば、草津温泉や湯布院など、さまざまな温泉があると思います。あわせてロケーションが良い露天風呂であれば、その回復効果というものは抜群に跳ね上がると言えるでしょう。

温泉とはいかなくても近くにあるスーパー銭湯などに行ってみるのも良いかもしれません。ジェットバスのようなお風呂があったり、中には電気風呂という、入るとびりびりするお風呂もあります。

北海道の高射特科部隊にいた時には、訓練で疲れた時には近くの銭湯に行ってゆっくりと温泉につかった後に、ジンギスカンを食べるのを定例会にしていました。

お風呂とあわせてサウナに行くこともありました。サウナの中にはロウリュウという、サウナストーンに水をかけて蒸気を出す入浴方法ができる場合もあり、体へ良い効果があるのでおすすめです。

また、サウナが苦手という人は岩盤浴もおすすめです。体の内部からじんわりと温かくなっていく感覚があります。サウナや岩盤浴などをする時には水分補給をしてから行うようにしましょう。

私は、さまざまなレジャーを行った後の締めとして温泉に行くこともしていました。スキーでゲレンデを滑った後にくたくたになった体を温泉で癒やすととても充足感が得られました。

あなたは、温泉に入る機会がなくて、日々の入浴もシャワーだけで済ませていないでしょうか？　疲れているとなかなか湯船につかる気力がなくなってしまうかと思います。

自衛隊ではとても大きな大浴場があります。そこでは毎日足を伸ばして湯船につかっていました。あなたも毎日シャワーだけで済ませるのではなく、湯船につかって体を癒やしてみると良いでしょう。

そこで入浴剤を使ってみるなど一工夫すると、リラックス効果が高まると思います。**私のおすすめはエプソムソルトを入浴の際に入れること**です。ソルトと名前がついていますが、「硫酸マグネシウム」というもので浴槽を痛めつけることもなく気軽に使用することができます。

あなたの体に**日々不足がちになってしまうマグネシウムをお風呂に入りながら補給できる**ようになります。また、デトックス効果も高いのでとてもおすすめです。

エプソムソルトを入れた場合は、発汗作用が高くなるので10～20分ほどの入浴時間とし、長風呂しすぎないようにしましょう。

まずは、毎日の入浴を少しだけ変えてみるのはいかがでしょうか？

そして時間がある時は近くの温泉に、そして日本各地の有名な温泉を巡ってみて海外の温泉まで視野に入れると、とても楽しい日々が過ごせます。

「耐G訓練」

良い血流で脳が活性化しメンタルにも良い影響を与える

血流と聞いてあなたはどんなイメージがわきますか？　私たちの体は全身を血液が巡っています。この血液の流れを通じて酸素やさまざまな栄養を全身に運んでいるのです。この血液の流れが悪くなると体へのさまざまな悪影響につながります。

血液に関係することでは航空医学実験隊で学んだことがあります。

航空医学実験隊とは、航空自衛隊の入間基地にある部隊で、航空医学に関する調査研究、および飛行中に起こるさまざまな生理現象の調査、研究訓練を行っている部隊です。飛行時に体に受けるGを訓練する加速度訓練場や高高度における大気圧を訓練する低圧訓練装置、航空機から脱出を訓練する射出座席訓練などもあります。飛行機で起こる特殊な生理現象を専門に行っている部隊です。

航空医学実験隊には、加速度訓練装置と言うものがあります。遠心分離機のような装置で加速度（G）を体験することができるものです。

航空機のパイロットにはGがかかります。耐G動作と言って心拍数量を増大させ、脳への血流量を増加させる動作などを行って気絶を防ぎます。血流量が不足すると、脳への酸素供給が滞り意識を失うことがあります。これを防止するのが耐G動作です。

Gがかかると、頭の中から血液が足の方に移動していって最終的には意識が飛んでしまうので、それを防ぐということです。パイロットはGに耐えるために、パイロットスーツの上にGスーツを着て、血流が頭から逃げないように、下半身を締め付けた状態で強制的に血圧を上げて頭から血液が逃げないようにしています。Gがかかると、頭の中から血液が足の方に移動していって、最終的には意識が飛んでしまうので、それを防ぐという事です。

また、放射線技師としていろいろな検査をする中で、脳血流シンチグラフィという検査があります。この検査はラジオアイソトープという放射線を出す薬剤を投与して、血流の異常がないかどうか調べる検査です。脳の血流が阻害されていると、認知症やてんかん、脳血管障害などさまざまな弊害が出てしまいます。

あなたが血流を良くするために普段行える体のケアとしては、ふくらはぎをマッサージをするのが手軽でやりやすいです。ふくらはぎは第二の心臓と言われています。ちょっと運動するだけでも血液循環が良くなるので、運動もすると良いでしょう。

あわせて、あなたの体では「鉄分」が不足している状態かもしれません。隠れ貧血という言葉もあるくらいです。**鉄分が豊富な食べ物、例えばレバーや牛肉などを意識して食べてみるというのも良い**かもしれません。

ほかにも体の末端は冷えやすいので、暖かいもので保護してあげて、温めることも血流を促すためには良い行動です。締め付ける服を着ていると体全体に圧迫感を感じます。そんな時は全体的にゆるい服を着てみるのも良いでしょう。

そして今一度自分の胸に手を当てて、心臓が動いているというのも、確認してみてください。私は病院にいる時に、患者様の心臓が止まった場面に遭遇したことがあります。

実際にこの手で心臓マッサージを行ったこともありました。心臓マッサージというのは人形にやるのと実際の人間にやるのではやはり感覚が違います。ご高齢の方でしたので、人形のように押したら返ってくる胸の感覚がなかったです。なんとか心臓の鼓動が戻った時には本当に良かったと思いました。

私は今、心臓が頑張って動いてくれているというのは本当にすごいことなんだと思います。あなたも、つらくてうつむいてしまいそうになることはありませんか？ そんな時は一度胸に手を当ててその心臓の鼓動を感じてみてください。

あなたの心臓が懸命に、「生きるため」に全身に血液を送ってくれているんです。

今動いている心臓が、あなたのために必死に動いてくれていることを一度考えてみてください。そして胸に手を当てて「いつもありがとう」と言ってあげてください。

心臓はあなたが生きている間、ひと時も休むことなく動き続けているのです。私は今、自分の心臓が動いているという当たり前のことが、こんなに偉大であることに気付くのに時間がかかってしまいました。

心の場所を指す時は心臓を指すと思います。その心はあなたを生かし続けるために強く強く鼓動を続けています。この力強さをもう一度認識してみましょう。

あなたの心臓は本当に強いのです。どんな時も止まることを知らない。あなたを生かすために動き続ける。胸に手を当てるだけであなたはその力強さに出逢えるのです。こんなに力強いものがあなたの中にあるということをもう一度確認してみてください。

第7章

病まない・折れない
自分になれば
人生はずっと良いものになる

自分で目標を設定し 主導権を手に入れる人生を歩むことができる

あなたが病まない・折れない自分になるための目標設定、考え方、仲間とのコミュニケーション、回復法などさまざまなことをお伝えしてきました。その中でも、特に重要なのは、「**自分で目標を設定し、主導権を手に入れる人生を送ること**」でしょう。あなたがあなたの人生を手に入れて、自分の好きなタイミングで、自分の好きな人たちと、自分の好きなことができる。まさに病まない自分のために必要不可欠な要素であると言えます。

この、「**自分で目標を設定し、主導権を手に入れる人生を送る**」ために必要なことをお伝えしようと思います。それは「**掌握する**」**こと**です。**掌握とは、対象を支配し、自分の意のままに使いこなせる状態にしておくこと**です。

自衛隊には指揮の要訣という言葉があります。**指揮の要訣とは、「人を指揮する時に大事なことはここなんだよ」**といったことをまとめたものです。

指揮の要訣は次のようになります。

指揮の要訣は、指揮下部隊を確実に掌握し明確な企図の下に適時適切な命令を与えてその行動を律しもって指揮下部隊をしてその任務達成に邁進させるにある。

この際、指揮下部隊に対する統制を必要最小限にし、自主裁量の余地を与えることに留意しなければならない

指揮下部隊の掌握を確実にするため、良好な統御、確実な現況の把握および実行の監督は、特に重要である。

簡単に説明しますと、

・人を指揮する時に特に重要なのは、人を支配し自分の意のままに人を操れる状態に

しておくことです。

・分かりやすい計画のもと、命令をそのタイミングにあわせて的確に出してしっかりと行動させ

・あなたが達成したいことに全力を尽くさせることにあるのです。

・この時、自分の意のままに操れる状態の人には、命令でがんじがらめにするのではなくある程度自分で判断できるだけの余裕を与えておくことを忘れてはいけません。

・人を支配し自分の意のままに操るために必要なのは、支配される人が自分の任務達成のために自ら動くようになる状態にすること、今どのようになっているのかという現状をきちんと理解して把握すること、しっかりやっているのか確認することが重要です。

となります。指揮の要訣で最も重要なことは、あなたには分かるでしょうか？

冒頭でも書いた通り、最も重要なことはどこまで行っても「掌握すること」なのです。**あらゆることを自分の意のままに操れる状態にしておくこと。これはつまりすべ**

てのものを支配下に置いていれば、何も恐れることはないということでしょう。これさえできればあなたは自分が病んでしまうことからは無縁の存在になれるということなのです。

あなたは今まで生きてきた中で、心が病んでしまった経験があったかもしれません。それはあなたが、もしかしたらほかの人に「掌握」されてしまっていたから起きていたのかもしれません。あなたがほかの人に「掌握」されている段階では、生殺与奪の権利を相手に握られてしまうのです。そんな状態では、病んでしまうのは当然と言えるでしょう。

「物事の本質は掌握」なのです。あなたがあなた自身を「掌握」しなくてはならないのです。あなたに聞きたいのです。あなたの人生は誰のものなのでしょうか？

相手があなたを掌握するために押し付けてくるものと言えば、簡単に言ってしまえば**「強制的なルール」**でしかないのです。

人の言うことをずっと聞いていなければいけない。ひと時も休みを取らずに頑張らなくてはいけない。寝る間も惜しんで努力しなくてはいけない。あなたはこんなことに苦しめられてはいませんか？

強制的なルールとは「ほかの人の心があなたにこうさせたいと願っただけのもの」なのです。突き詰めればどこまで行っても心の問題なのです。

そして忘れてはいけません。**あなたには目的も目標も自分自身で設定できるということ**を。

あなたがその心に強く誓ったものがあるならば、まさにその瞬間に「自分自身を掌握」し「強制的なルール」は「無限の可能性」になるのです。自分自身を真に掌握した人は世界にある「あらゆる強制的なルールを塗り替える強さ」を得るのです。

他人の心に惑わされず、**自分の心を掌握することによってはじめて自由が手に入る**のです。自由を手にすることによってあなたは誰にも奪われない人生を歩んでいくことができるようになるのです。

目標を達成する仲間を自動的に見つけることができる

あなたは目的を、そしてその目的を維持し続けるための目標を設定することはできましたか？　あなたが自分自身でしっかりと目的と目標が設定できた時には、自動的に仲間を見つけることができるようになるでしょう。

あなたにとってその目的と目標が大事であるように、仲間にとってもその目的と目標というものは大事なものなのです。本当に自然と仲間になっていくものなのです。

ただ、誤解してはいけないことがあります。先ほど「物事の本質は掌握すること」と言いました。その中で、**仲間を自分のために掌握すればいいのだと勘違いを起こしてしまう人がいます。**世間には心理テクニックなどと言い、人の思考の前提条件や印象や恐怖や欲などの感情を利用して相手を操作する方法を伝える人がいます。

それを悪用してはいけないのです。相手を掌握しようとしてテクニックを悪用する人間は不誠実な人と言うのです。

悪用をすればどうなるか分かるでしょうか？　**最も大切なものがあなたは手に入れられなくなる**のです。

海上自衛隊には五省という言葉があります。

一　至誠に悖るなかりしか
二　言行に恥づるなかりしか
三　気力に欠くるなかりしか
四　努力に憾みなかりしか
五　不精に亘るなかりしか

一番に言われていることは、誠実さや真心、人の道に背くことはなかったのかということです。**仲間と接する上で最も大切となるのは、テクニックではなく「誠実さ」**

なのです。

あなたがもしも相手のことを掌握しようと、自分のために都合の良いように動かそうとする時、たとえ一時的にうまくいったとしても必ず破綻が訪れます。そのような自己中心的な関係には「何も」残りません。そのようなことをすれば決して心から仲間とつながることはできません。

そして本質である掌握するということに矛盾は生じません。私たちは何によって掌握されるのか？　私たちという存在は**「共通の目的によって掌握される」**のです。共通の目的によって掌握される人たち。それこそが「共通の目的を持った仲間」と言うのです。その関係には優位性も劣等感も何もないのです。その共通の目的を達成するための目標を共に取り組んでいくのです。

そして「共通の目的によって掌握される」とは言いましたが、忘れてはいけないのです。**あなたは目的にも目標にもどんなことを設定しても良いということを。その掌**

握されるべき目的も目標も、作るのは紛れもないあなた自身なのです。
もしも嫌だなと思ったことはやめても良いですし、もしもやってみたいなと思うことがあるのであればすぐに設定してみれば良いのです。

私だってそうなのです。はじめは自衛隊という組織に目的を持って入って、「共通の目的を持った仲間」を作っていきました。現在では、独立して新しい「共通の目的を持った仲間」ができたのです。

ただ、あなたはこう思っているのかもしれません。「仲間ができてもいずれは離れ離れになる。結局は何も残らないのではないか」と。

いいえ、そんなことは決してないのです。
奴隷と主人のような関係性では何も残りません。では、共通の目的を持った仲間には何が残るのでしょうか？　それは、「**かけがえのない思い出が残る**」のです。

そしてとても重要なことをお伝えします。**目的を持った人間は同じ目的を持った人間に必ず惹かれ合うのです。人生の重要な場面でその人同士は必ず出逢う**のです。

もう一度思い出して欲しいのです。この本を書いた時の私の目的が何だったのかを。私の目的は「楽しく幸せに生きること」と言いました。**あなたは強くなりたかった。それはこの世界の中で強くなり、病まない自分になって「楽しく幸せに生きたかったから」**でしょう。

そして、今この本を読んでくれているあなたとこの本を書いている私は出逢ったのです。これは偶然の出逢いではなく、必然の出逢いだったのです。巡り合うべくして巡り合ったのです。「ＲＡＳ」のところでもお話しした通り**人は心も体もそういう風にできている**のです。

忘れないでください。もうすでに「**私とあなたは仲間である**」のです。あなたは、仲間と別れてしまうのが怖いと思うことがあるかもしれません。それも特別な感情なのです。あなたが怖がっているのは出逢った仲間たちを悲しくさせたくないと思っているからかもしれません。

でもそんな風に考える必要はないのです。人は別れがあるからこそ新しい出逢いを大切にし、今そばにいてくれる人を大切にしようと思うことができるのです。別れがあるからこそ再会した時に深く深く感動するのです。**さよならにだって価値はあるのです。**そして私は無数にある出逢いの中であなたに出逢えたことは決して無駄な出逢いではないと確信しています。

仲間の存在が、あなたの存在が、極限状態の時に力をくれるのです。あと一歩が踏み出せない時に。打ちのめされて立ち上がれない時に。なんの希望の光も見えない時に。仲間の存在が、あなたの存在が頭をよぎるのです。本当に特別な力だと思います。

私があなたに力を与えられるのと同時にあなたも私に力をくれるのです。あなたに私は伝えたいのです。とても素敵なあなたへ、特別な出逢いと力を私に、ありがとう。

お金だけでない幸せを追求し思い通りの人生を歩むことができる

あなたがあなた自身を病ませることがなく、自分の心をしっかりと掌握して生きていくことができれば、お金だけでない幸せを追求して思い通りの人生を歩むことができるのです。

あなたは今まで、人生を掌握するのは、学歴や社会的地位・お金・権力による支配・ビジネスや投資の成功など、何らかの「物質的な力」だと思い込み続けていたかもしれません。確かに重要でしょう。しかし、今はそうではないのだと理解していただけていると思います。

本当の世界のあり方が分かれば、人生を通じて、**物事を物事で解決する、「物質対**

物質」の解決法が本当の正解ではないのだと分かるようになるのです。
今のことを簡単にまとめていきましょう。

私たちが現実や常識、マナー、これが普通、それは異常と呼んでいるものは、本当のところ、「強制的なルール」です。今、現代と呼ばれるこの時間軸の中で、私たちは過去の人たちが心の中でつくり出しただけのさまざまな「強制的なルール」の中で生活しています。

強制的なルールとは、ただの「人の心がそうさせたいと願ったもの」です。

あなたが通勤し、勉強し、自分の思うがままの人生を送れないのは、かつて誰かが作り上げたルールを、**誰かがあなたに「心がそうさせたいと願ったもの」を強制されていただけ**に過ぎないということが分かっていただけていると思います。

私が自衛官の時に教えてもらったことがあるのです。戦争にもルールがあるのだと。戦争という地獄でも撃ってはいけない人がいる。使ってはいけない武器がある。地獄の中でも心からそうあって欲しいという叫びのような願いがある。世界に目を向ければありとあらゆるところに同じような心の叫びがある。

それを知ってようやく分かったのです。戦争にもルールがあるのではありません。**この世界で本当に行われていること、というのは「ルールの戦争」です。**

ルールの戦争とは、「心と心の戦争」なのです。**私たちが本当に送るべき人生は、この世界の中で隠されている真のルールを使いこなして、心で描いた心象を現実世界に事象として想うがままに写しださせること**なのです。だから、別の誰かに心を惑わせられず自分の心を掌握するということが大事なのです。

考えてみてもください。レストランでなぜフォークやナイフを外側からとらなければいけないのかを。そうしなければいけないと、誰かがそうさせたいと願ったからなのです。別に守らなくてもいいものですが、**そうせざるを得ないからそうしているだけのもの**にすぎません。**世界にあふれているすべてのものは今説明したことと全く同じもの**なのです。つまりは、ありとあらゆる決まりごとが、本当の意味においては「**制**

限も限界もなかった」ということが分かります。

自分にとっても別の誰かにとっても、**強制力を与えるものが「ルール」**となります。ですので、**世界は心のぶつかり合いである「ルールの戦争」**だと申し上げたわけです。このことから、**あらゆる「ルール」を決めるのは、「心が決める」**のであって、実際はなんの制限もないということがあなたにもお分かりいただけたかと思います。

そして、私たちがこの本で決めた目的という名のルールは幸せに生きることでした。幸せとは固定化された答えがあるのでしょうか。いったい何が真のルールなのでしょうか？

世界には幸せな人がたくさんいるのです。その人たちは言います。仕組みを作ってお金も仲間も増やして組織を作って世界に貢献することが幸せだと。一人で己の理想を突き詰めることが幸せだと。お金ではないたった一人の大切な人と一緒にいれることが幸せだと。

全員が全く当てはまらないルールにおいても全員が最も幸福を感じている。共通するルールはたった一つ。

「**自分の心を掌握し自分自身に素直に生きているということ**」真のルールとはこのことなのです。

掌握だなんて関係ない、人はどうしようもない運命に翻弄され続けるような存在なんだという人もいます。私もそうなのではないかと思ってしまった時期がありました。運命に人間は抗えないのだと。ただ、そうではないのです。

衛生科隊員として任務についていた時に教えてもらった言葉があるのです。南北戦争時代から救命を行う人間に受け継がれている言葉です。

「**負傷者の運命は、最初に包帯を巻く者の手にゆだねられる**」

包帯を巻く者の手には運命がゆだねられていると。

人は、大切な自分自身が病んでしまうことがあります。その時に、自分自身を癒やすその手には運命がゆだねられているのです。**掌握するとは、手のひらに握り持つということ。何もないと思っていたその手のひらにはずっと運命が握られていた**のです。

私がそれに気付いたのは、この手にいろいろな力を手にした時だったのです。自分には何もない。だから心から強くなりたいと、もっと強くなりたいとずっと願っていたのです。そう願った時に私の心はいろいろな姿を見せてくれたのです。

この心が見せてくれたのは銃を持つ姿だったのです。倒れた仲間に手を差し出す姿だったのです。止まった心臓をこの手で蘇らせた姿だったのです。

そして今、あなたにこの想いを伝えたいという願った時、心は、ペンを持つ私の姿を、あなたのその手にこの本を持つ姿を見せてくれたのです。

最初から最も大事なものを持っていたとは思いませんでした。

だからあなたにも伝えたいのです。

「心を掌握すれば運命を掌握する」のです。

忘れないでください。あなたのその手には常に運命が握られているのです。

決してあなたは世界にも運命にも翻弄されるような弱い存在ではないのです。

あなたはあなた自身の心を掌握して素直になって生きれば良いのです。

誰に何と言われようとも構わないのです。あなたのその心と行動に決して間違いなんてものはないのですから。

おわりに

病まない自分になって、あなたの理想の人生はここからスタートする

この本を読んでくれたあなたへ。最後まで読んでくれてありがとうございます。たくさんの項目がある中で、ここまで読んでくれて本当に嬉しい限りです。

あなたに聞きたいのです。

今、笑えていますか？
あなたの心は楽になりましたか？
ちょっとやってみようと元気になれましたか？

あなたが今、楽になって少しでも暖かな気持ちになっていてくれれば私はこの本を書いて良かったと心から思います。

あなたがそうであるように、私も最初はただ強くなりたかったのです。最初に大事なものを持ちながらそれに気付かずに、長い時間を自衛隊で過ごしてきました。

ただ、後悔は一つもないのです。すべては強くなりたかったという想い、そこからはじまったのです。その中で、本当にたくさんの気付きや尊い出逢いに巡り合いました。そのおかげでいろいろな困難を乗り越えてこられたのです。

あなたにも伝えたいのです。強い人は本当にみんな優しかったのです。

あなたにはさまざまな病まない自分を作る方法、病んでしまった時の回復方法などお伝えできて良かったと思います。

どれも、あなたの体と心を癒やす大切な方法になっていますので、全部は無理でもまずは一つだけという軽い気持ちでやっていただけたらと思っております。

そうとうつのところでお話ししましたが、体の不調によって心の状態というものもやはり影響を受けてしまうものなのです。体に対してのノウハウはぜひとも活用していただきたく思います。

そして、あなたにも私にも、限界なんてものがないということをこの本を通してあなたに伝えられたことが私にとってかけがえのないものになっているのです。

人生は毎日がとても価値のあるものです。その中であなたが病まない自分になって自分自身の理想とも言える日を過ごしていけるようになっていければこの本を書いて良かったと思えます。

自分で自分の生きる道を決める、それができればあなたの理想の人生はここからスタートするのです。そして、迷ったり病んだりしたらなんの遠慮もせず相談してください。

人は一人でいると病んでしまう生き物なのです。あなたも自分は大丈夫と思っていてもふいに病んでしまう時があるのです。そんな中でかけがえのない仲間が支えてくれれば素敵だなと思いませんか。

私もここまでの道は一人では決して歩んでこられる道ではなかったのです。

あなたには今相談する人が近くに誰もいないのかもしれません。心に包帯を巻いてくれる人がいないのかもしれません。

それは今だけなのです。忘れないでいただきたいのです。その包帯を巻く一人が私なのです。

何も心配する必要はないんです。あなたは大切なものをずっと持っているんですから。分からなければ聞いていただければいいだけなのです。

何になりたいのか。何が欲しいのか。なんのために生きたいのか。

すでに誰かが選択した答えをまずは試してみる。運命をあなたが最も良いとする人に託す。一人で考えず誰かと一緒に考えるというのも立派な考えなのです。あなたの考えに間違いなんて何一つないのです。

私は人を癒やして望んだ通りの人生を歩めるようにする。

それがとても素敵な仕事だと私は誇りに思っているのです。

そしていずれは、あなたも私の仲間になっていただけたらこんなに素敵なことはないと思っています。あなたが仲間になってくれるのは私にとって特別なことなのです。

あなたもいずれ誰かにとって心に包帯を巻いてくれるかけがえのない仲間になって欲しいのです。そうすれば世界はずっとずっと良くなると確信しています。あなたと私で一緒にやればもう何も怖いものなんてないのです。

焦ることは何一つないのです。まずは、大切な人のそばにいてあげることからはじめましょう。地味ではなく特別な大切な第一歩なのです。私も誰にとっても常に手を伸ばせばそばに駆け寄れる存在であろうとしています。

人生はとても楽しいものなのです。そしてこれを読んでくれたあなたが毎日笑ってくれたら私は幸せなのです。

数ある著書の中で私の本を手に取って読んでくれるのは、偶然ではなく必然の出逢いだと私は確信しています。

そして、本書を作り上げるまで私を支えてくれた皆様に心より御礼申し上げます。編集を担当してくださった黒沢様のお力がなければ本書は生まれませんでした。慣れない執筆という中で、誠心誠意ご対応いただき本当にありがとうございます。

現代のつらい世の中に対してなんとか助けになりたいという同じ想いで一緒に本を

作らせていただき本当に嬉しく思っております。

今この本を読んでいるあなたの助けになりたいという心の想いがこの本という形になったのです。

世界には限界なんてものはないのです。それを忘れないでください。
この本を通じてたくさんの素敵な出逢いに恵まれて私の楽しく幸せに生きるという目的は常に達成されていると実感できています。

最後にもう一度言わせてください。
私を今まで支えてくれているすべての人へありがとう。
この本を読んでくれたあなたへありがとう。
唯一無二のあなたへ素敵な出逢いを本当に本当にありがとう。

メンタル激よわだった元陸上自衛官が教える
病まない自分のつくりかた

2023年 7 月25日　初版第一刷発行

著　者　加藤 大貴

発行者　石井 悟
発行所　株式会社自由国民社
〒171-0033 東京都豊島区高田3丁目10番11号
電話 03-6233-0781（代表）
https://www.jiyu.co.jp/
印刷所　八光印刷株式会社
製本所　新風製本株式会社
©2023 Printed in Japan ISBN 978-4-426-12910-1

STAFF
装丁　株式会社明昌堂
本文デザイン＆DTP　有限会社中央制作社
イラスト　ツノ
編集　黒沢 美月